妈妈会沟通，孩子才会听

彭清清／编著

中国妇女出版社

图书在版编目（CIP）数据

妈妈会沟通，孩子才会听 / 彭清清编著．—北京：中国妇女出版社，2018.10

ISBN 978-7-5127-1635-3

Ⅰ．①妈…　Ⅱ．①彭…　Ⅲ．①家庭教育　Ⅳ．① G78

中国版本图书馆 CIP 数据核字（2018）第 188622 号

妈妈会沟通，孩子才会听

作　　者：彭清清　编著
责任编辑：魏　可
责任印制：王卫东
出版发行：中国妇女出版社
地　　址：北京市东城区史家胡同甲24号　　邮政编码：100010
电　　话：（010）65133160（发行部）　　65133161（邮购）
网　　址：www.womenbooks.cn
法律顾问：北京市道可特律师事务所
经　　销：各地新华书店
印　　刷：三河市天润建兴印务有限公司
开　　本：170×240　1/16
印　　张：12
字　　数：141千字
版　　次：2018年10月第1版
印　　次：2018年10月第1次
书　　号：ISBN 978-7-5127-1635-3
定　　价：38.00元

前言

亲子的沟通方式，在教育当中是重要的一环。

很多时候，妈妈们在陪伴孩子的成长中都会有这样的感慨：孩子不听话；我希望他做的事他偏偏不去做；孩子对我好像产生了厌恶，总和我顶嘴；孩子的很多心事宁愿和外人说，也不愿意和我沟通……妈妈们觉得自己对孩子的一片热忱最后换来的只有孩子更多的不满和不解，这让她们很伤心。

其实，孩子并非不知道妈妈对他的爱，而是因为妈妈总是摆出一种高高在上的姿态，去强迫他做自己不喜欢的事，而且无论让他做什么，总是不和他商量，这伤害了孩子的自尊，让孩子觉得自己对自己的事情都没有发言权而感到不满。

若是妈妈能换一种方式和他沟通，能蹲下来和他商量，其实很多矛盾和不满就会迎刃而解。比如，妈妈想要孩子把地上乱丢的玩具收拾整理一下，可能说：“飞飞，你怎么回事，把地上弄得这么乱，赶快收拾干净！”也可能说：“飞飞，你的玩具在到处流浪，你可不可以把它们送回家呢？”妈妈的目的是希望孩子把玩具收拾好，但是，前者是命令、指责的语气，后者是商量、温和的语气，相信任何一个孩子都更愿意接受妈妈的第二种语言方式。

俗话说："良言一句三冬暖，恶语伤人六月寒。"语言是一把双刃剑，在用语言与孩子沟通时，你运用得好，它就是建立起你与孩子之间心灵的桥梁；你运用得不好，它就是斩断你们两代人的那把利刃。

那么，如何沟通才能走进孩子的内心呢？本书深入浅出地为妈妈们讲解了在各种情境下，如何与孩子进行沟通，如何正确地引导孩子。相信每一位妈妈都能找到与孩子沟通的切入点，慢慢地走入孩子的内心，逐渐成为孩子的知己、最终成为一位会沟通的妈妈，成为孩子人生道路上的领路人。

| 目录 |

第一章　和孩子成为知心朋友

第二章　批评孩子不能伤他的自尊

第三章　有些话绝不要对孩子说

第四章　赞美要说到孩子的心坎里

第五章　不要溺爱孩子

第六章 化解孩子的负面情绪

第七章 让孩子从小明白什么是挫折

第八章 用沟通解决孩子学习的烦恼

第九章 让孩子走出去克服交际障碍

第十章　学习需要劳逸结合

第一章

和孩子成为知心朋友

蹲下来，用孩子的视角看问题

每一位妈妈也都曾经是小孩，经历了慢慢长大的过程，对小时候被“教训”的经历肯定会深有体会。那时，每一位还是孩子的妈妈肯定也曾经感到迷茫，对大人的行为感到气愤，不解为何他们不理解自己。但现在成为孩子的妈妈了，往往又是以大人的角度去看待孩子，丝毫不顾及孩子的感受。

孩子都有自己的想法，希望得到妈妈的理解和尊重。但很多妈妈对待孩子就好像上级对待下属一样，不但不认同孩子的想法和行为方式，还强加干涉。这样一来，妈妈不但觉得孩子难以管教，同时也会摧毁自己在孩子心中的良好形象。

其实，很多教育孩子的问题都不难解决，只要当妈妈的懂得放低姿态，以孩子的角度去看待问题，和孩子一起讨论问题，就能够赢得孩子的心，打开孩子的心扉。

慧慧妈妈遇到了一件让她异常气愤的事，买完菜回到家，刚进门的瞬间她就震惊了。她发现慧慧的身上和衣服上沾满了水彩的涂料，整个人成了“大花猫”。而辛辛苦苦收拾干净的家，现在也是凌乱不堪，茶几上的桌布也已经被涂料染得斑斑点点。妈妈看到这里，气不打一处来，走上前就准备教训慧慧。可当她走到慧慧身边，看到慧慧用水彩涂料画的那幅作品时，手慢慢地放了下来。这是一幅很稚嫩的画，上面有太阳、草原、房子，还有几个小朋友一起玩耍。妈妈忽然想到了自己小的时候，也总是喜欢这样画画。于是，妈妈蹲下来，和慧慧说："我们一起画好不好？"慧慧高兴地拍手答应了。就这样，母女俩一起又在房子旁边画上了秋千，在房子的前面画了一条小河……时间过得很快，转眼到了晚上，当慧慧的爸爸回到家时，母女俩都没有发现，不亦乐乎地继续画着画，度过了美好的一天。

妈妈与慧慧能够这样愉快地度过一天，最主要的原因是妈妈一开始没有因为慧慧把家弄乱而教训她，而是懂得蹲下来，回归到自己孩童时的心态，与慧慧一起画画交流。从这里可以看出，慧慧的妈妈是一位具有高情商的妈妈。可以想象，如果妈妈一进门就因为家里凌乱而打骂了慧慧，不只母女俩一天的好心情都会受到影响，更会影响两个人之间的感情和亲密度。

学会蹲下来，站在孩子的角度看待问题，这样不仅会对孩子的想法和做法有所理解，也会对孩子有更多的包容和肯定。当孩子感受到了家长的认可后，他的内心会感到愉快、得到满足，这会让孩子的成长更加健康。

丽丽放学回家后，向妈妈抱怨道："今天老师当着全班同学的面批评我，弄得我下不来台。"妈妈立即质问道："你做了什么错事惹老师生气了？"丽丽说："我什么都没干，老师借题发挥。"妈妈用不信任的口气说："你就会找借口。"丽丽不开心地瞪了妈妈一眼。妈妈继续追问："那你是怎么想的，又打算做些什么呢？"丽丽噘着嘴提高音量说了句："什么也不想，什么也不做。"妈妈意识到两人这样针锋相对地交谈下去，不但解决不了问题，还会引发矛盾，于是决定放下家长的架子。她用温和而友好的语气说："老师当着全班同学的面批评你，我想你当时一定感到很委屈，又很没面子，是吧？”丽丽的态度发生了转变，她抬头看了妈妈一眼，眼中的怒气已经平息了不少。接着妈妈又说道：“其实，妈妈小时候也遭遇过类似的事情。上小学四年级的时候，我参加期末考试，进了考场，结果发现自己忘记带铅笔了。我很害怕，赶快起身向旁边的同学借，谁知老师以为我要作弊，当场就对我进行了批评教育。当时，考场上那么多同学都看着我，弄得我既尴尬又气愤，根本没有心情答题了。”丽丽听得津津有味，好像都忘记了自己的不快，她对妈妈说：“其实我也是想跟同学借块橡皮用，总不能在书本上乱涂乱改啊，可是老师偏偏认为我是错的，还批评我，真是不公平。”妈妈附和道：“这确实不公平，那么为了避免再次被老师误解，我们是不是应该想想别的办法？”丽丽和妈妈交谈得很愉快，心情大好，她开心地说：“很简单啊，那我多准备一块橡皮不就好了？”妈妈点点丽丽的额头，笑着说道：“你真是个小机灵鬼。”

每一个孩子都有自己的世界，每一个孩子都是一个独立的个体，妈妈应抱着尊重的心态与孩子交流沟通。无论是作为家长还是老师，不得不承认孩子在一天天慢慢地长大，思想在一天天地变得成熟。也许在大人的眼里他们总是孩子，但如果妈妈有足够的耐心和观察力，肯定就会发现，孩子在不知不觉中思考着许多大人认为他们毫不知情的事情。当然，因为年龄和人生阅历的关系，孩子的认知也许只是一些表面的、肤浅的事情。但是孩子开始独立学习，细心思考，不管思考的结果如何，都要给予肯定。当妈妈能够走进孩子的内心，了解孩子内心深处的想法，再加以正确引导，就能够让孩子在正确的道路上前行，帮助孩子学习如何做人、如何做事，让孩子逐渐走向成熟。

想要走进孩子的内心并非那么简单，首先妈妈就得学会放低姿态，站在孩子的高度和孩子交谈、沟通，而不能总是高高在上，一副趾高气扬的做派。有些妈妈觉得这样会在孩子心中树立起威严的形象，其实这样做只会给孩子带来抵触的心理。也许他们在表面上对你顺从，但你永远也别想真正走进孩子的内心，了解他们内心的想法。以孩子的角度看待问题，以孩子朋友的身份和他们探讨问题，与孩子保持平等的关系，孩子才会向家长真正敞开心扉，妈妈和孩子之间才能更好地沟通，才能建立妈妈与孩子间更亲密的关系，才可能有的放矢地教育孩子。

关注孩子的内心世界，倾听他们真实的想法

妈妈在与孩子交流时，有时会产生矛盾或是激烈的争吵。要想避免亲子关系中不愉快的发生，妈妈最应该做的，就是在交谈的时候尽量少说多听。少说多听并不是说让孩子在交流中占主导地位，妈妈只需被动地倾听，而是说妈妈在没有弄清楚孩子内心的真正意图之前，尽量不要强行发表自己的观点和看法，否则会因没有弄清孩子的真实想法而产生误解，从而为双方之间的沟通带来不良影响。

张晨的妈妈是个急脾气，每次张晨做错了什么事情，还没等张晨解释，就会对他大加责备。张晨以为妈妈不喜欢他，都不敢跟她亲近。而妈妈也意识到儿子与自己的关系有些疏远，便将问题归咎于多年来自己一直在外地工作奔波，和张晨沟通太少。妈妈希望找个方法缓解，于是想尽办法讨好张晨。

一天，妈妈亲手为张晨做了一桌好吃的饭菜，还请来几个亲戚朋友一起吃饭。当饭菜摆上桌的时候，大家还没有坐下，张晨就一个人拿起碗筷大口大口地吃了起来，并且吃得津津有味。张晨妈妈看孩子这么不懂礼貌，很生气，正准备上前责备他，好友黄阿姨及时阻止了她。黄阿姨示意张晨妈妈先观察一下张晨的反应，弄清楚孩子心里到底是怎么想的再发表意见也不迟。张晨妈妈无奈地答应了。

接着，黄阿姨坐到张晨旁边，往他碗里夹了他最喜欢吃的炸鸡翅，然后笑着对他说：“孩子，再来一个鸡翅，别着急，慢慢吃，可不要把你妈妈吓着了。”张晨听到“妈妈”两个字，顿时来了兴致，他对黄阿姨说：“妈妈不会被吓着的。以前她在外地上班，我看不到她，很想她。奶奶告诉我，想妈妈就多吃点儿饭，吃得越香妈妈就越高兴，她就会回来看我了。现在妈妈回来了，我要多吃饭让她高兴。”张晨妈妈听完后十分感动，赶忙说：“乖儿子，看你吃饭这么香，妈妈真的很高兴。你慢慢吃，千万别噎着。”张晨听了妈妈的话，开心地笑了。

如果张晨妈妈当时抑制不住冲动，责备了孩子，不但听不到孩子内心真实的想法，还可能引发矛盾。要想减少不必要的摩擦，让孩子乐于和妈妈亲近，妈妈在和孩子沟通时，要尽量选择多听。只有多听，了解孩子的真实意图，并在理解的基础上给予合理建议，才能增加彼此的信任度，这样孩子才愿意和妈妈交心。

倾听孩子内心的想法，让孩子把心里的真实想法表达出来，不但能促进亲子关系，还能让孩子明白，无论遇到什么困难和伤痛，都能得到妈妈的支持和帮助。当妈妈倾听到孩子内心真实的声音，孩子能从中找到安全感，能感受到妈妈的关心与爱护，也就更能理解妈妈的苦心了。

蕾蕾马上就要升小学六年级了。一天，她放学回家的时间比平时晚了一些，妈妈就生气地对她说：“学习这么紧张，还不早点儿回家，一天就知道疯玩儿。”蕾蕾说：“我只是去雪莹家借本书。”妈妈继续没好气地说：“我是担心你的学习，知道吗？以后放学哪儿都不许去，只能回家做功课。”蕾蕾听了妈妈的话，心里感到很委屈，立即回房间关上了房门。

其实在这之后，蕾蕾妈妈也意识到自己不该不分青红皂白地训斥孩子，只是最近她工作压力太大，身心疲惫，看到孩子有什么地方做得令她不满，就会不由自主地生气。此后，这种问题更加严重，每次蕾蕾刚说些什么，妈妈根本没有耐心听完，她总是以“赶快去做作业”为由，阻止蕾蕾倾诉。时间一长，蕾蕾与妈妈之间的关系愈发疏远，每天她一进家门除了吃饭就是写作业，如果没有什么重要的事情，她都不会和妈妈多说一句话。妈妈知道自己和女儿之间的沟通出现了问题，于是寻求家庭教育专家的帮助。

教育专家了解了事情的原委之后，对蕾蕾妈妈说：“平时与孩子交流的时候，应该少说多听。先听清楚孩子心里真正想的是什么，然后再与孩子进行交流，这样沟通起来才更有效。”妈妈听了专家的建议，决定改变自己，她首先要做的事情就是当一名合格的倾听者。当蕾蕾再向她讲述什么事情的时候，她尽量让孩子先说完，中途绝不打断，弄清孩子到底想要表达什么后，再发表自己的意见。若孩子说的话与她的意见不一致，但也是合理可行的，她也会认可。她发现，自从与孩子交流做到少说多听后，蕾蕾跟自己有说不完的话，母女之间又亲近得像从前一样了。

如果妈妈愿意认真倾听孩子说话，会激发孩子继续交谈下去的兴趣。有时候，虽然孩子的想法不成熟，需要妈妈的引导和纠正，但请尊重他们的话语权。对孩子少一些责备，多一些耐心，让孩子把心里的话真正表达出来，让他们感受到妈妈是愿意和他们交流的，他们内心的恐惧与失落感才能减少，也会更加愿意与妈妈一起分享自己的喜怒哀乐。

沟通可以商量着来

语言是人与人沟通的重要桥梁，语言的内容决定了沟通的成效，而语气的应用影响了内容的发挥。是不是因为母子关系就不需要注重语气等问题呢？当然不是，每个孩子都是有自尊心的，都希望获得他人的尊重，在听到妈妈指责、训斥、命令的言语时，都会感到难受和不安，内心也会有一定的逆反情绪。

用商量的口气对孩子说话更容易让孩子行动起来，而且孩子也不会对妈妈心存埋怨。如果妈妈认定自己的孩子是“吃硬不吃软”的人，不妨试试用软一点儿的方式，也许结果会出乎意料。所以，当急于训斥孩子的时候，不妨先等几秒钟，深吸一口气，再慢慢地呼出来。这个过程是让妈妈做好用适当的语气说话的准备。

一个人的说话语气是长久以来养成的习惯，越是面对亲密的人，越是说话随便。因此，要想学会用商量的语气对孩子讲话，那就要在对所有人说话的时候注意语气。

在与孩子用商量的语气说话时，最好多用“可以吗”“怎么样”这样的话语。当养成这样的习惯后，与孩子聊天就会自然而然地顺畅了。

杨洋洗完澡忘记把脏衣服放到洗衣篮里，妈妈发现后喊他过来：“杨洋，请你过来下。”杨洋边往卫生间走边说：“我肯定又犯什么错了。”

妈妈说："是犯了小错，你下次洗完澡，记得把脏衣服放进洗衣篮里，怎么样？"

"可以！"杨洋诚恳地接受了。

第二天，同样的场景又发生了，妈妈再次喊："杨洋，请你过来一下！"这次，杨洋赶忙跑进卫生间说："妈妈，对不起啊，我又忘记了，明天一定不犯了！"

杨洋的妈妈不但用了"怎么样"，还用了"请"，这样温和而礼貌的词汇是很难遭到孩子拒绝的，孩子只能乖乖听话。

当家长准备说一句命令式的陈述句时，完全可以换成疑问句，句子中加上"能不能""可不可以""好不好"等词汇，孩子基本上只能回答"好的"了。

在与孩子商量时，妈妈除了多用商量的词语外，还需要注意说话的语气与语调。商量的语气往往是亲切的，而不是强硬的。如果妈妈不知道怎么说才算得上亲切，那就把语速放慢，声音放低，效果肯定会大有不同。同样一句话，如"你可不可以把手洗干净"，如果妈妈的语速很快，声音很大，那是在命令孩子，如果语速慢下来，语调柔和下来，就属于商量的语气了。有的妈妈可能会说：我这人天生心直口快，温柔的话说不出来。

那就只能先让心柔软下来，语言才能跟着柔软。

与孩子商量时，有一个很重要的因素是要允许孩子有其他的意见。如果商量只是为了得到孩子的认同，孩子一有反对意见，就立刻被你驳回，那就称不上是在商量了。

每个周六，妈妈都会带孩子去附近的公园走走。一个周六，妈妈加班，决定把孩子送到奶奶家。当妈妈去跟儿子商量的时候，儿子表示可以自己在家玩，妈妈不同意，但是儿子仍表示不想去奶奶家。

最后，妈妈干脆说：“没你选择的余地，明天必须去奶奶家。”儿子噘着小嘴走开了。

妈妈用商量的语气和孩子谈事情时，就要做好孩子有另外打算的准备，既然是商量就有成功，也会有失败，不能抱着必定成功的希望，但当孩子没有和妈妈达成一致意见时，妈妈又生气了，又会用命令的语言要求孩子。

所以，如果妈妈没打算接受孩子的其他意见，就不要用商量的口气，而用温和的语言把你的计划告诉他就可以了，免得两个人像拔河一样拔来拔去，最后大家都不愉快。

多些时间陪孩子

现代人工作繁忙，但作为妈妈，也应该多抽出时间陪陪孩子，因为这是孩子的情感需要，有利于孩子良好性格的养成。如果妈妈忙于工作而无心陪伴孩子，孩子可能就会对妈妈产生“怨恨”，这种情绪非常不利于孩子的成长，也不利于亲子关系的发展。

格格生活在单亲家庭，一直是妈妈一个人抚养她。有一天，妈妈下班回到家，看到格格在楼下等着她，妈妈的眉头一下就皱了起来，因为她知道格格肯定又想和她要钱了。

“妈妈，我能问你一个问题吗？”格格小心翼翼地说。

“什么问题？”妈妈心想，果然又是要钱。

“你一天挣多少钱啊？”格格轻声问道。

“你问这个干吗？”妈妈有点不耐烦，心想这孩子现在就知道变着花样地要钱。

“我就是随便问问，看你一天挣多少钱。”格格听到妈妈语气中的不耐烦，说话声音越来越小。

“我一个月挣5000元，相当于一天不到200元。这下你明白了吧，你每天和我要钱，我每个月工资都不够你的零花钱。”妈妈说完直接上楼往家走。

“哦。”格格跟在妈妈的身后，也回到了家，接着，格格又说道：“妈妈，你能借给我100元吗？”

这天上班妈妈本来就因为被老板训斥而不高兴，一回来又听到格格拐着弯地要钱，就来气了：“我就知道你说这么多，就是又和我要钱。我每天辛辛苦苦挣这么点钱，供你上学，给你买各种玩具，你还每天和我要这么多零花钱。你花钱到底有没有节制？”

看到妈妈发这么大的火，格格忍着眼泪，没敢继续说什么，默默回到房间，关上了门。

妈妈一边打扫家里，一边仍然生着气，觉得孩子不听话，每天除了要钱，什么都不帮着做。自己一个人持家，没有什么人能够指望上，越想越是生气。但过了一会儿，妈妈心情平复后，觉得刚才对格格说话的语气有点太过严厉了，都没有问清楚孩子要钱干什么，而且以前都是直接要钱，这次居然说是借钱，也许真的有事呢。

妈妈走进格格的房间，轻声问道：“在干吗呢，睡了吗？”

格格从床上坐起来，说道：“没睡，只是躺下休息一会儿。”

“妈妈刚才对你说话的语气凶了一些，过来向你道歉，”妈妈坐到格格身旁，继续说道，“今天在单位，妈妈工作上发生了不顺心的事情。但即便如此，也不该把这些情绪发泄到你的身上。”

“没关系，我知道妈妈工作很辛苦。”格格冲妈妈露出一个微笑。

“你刚才说和妈妈借100元，是有什么事情吗？妈妈答应借给你。”

格格听到妈妈这么说，高兴地从床上跳了起来，说道：“太好了，这样我的钱就够了。”接着，格格从枕头底下拿出来一叠皱巴巴的零钱，一张张数着。

“你已经有这么多钱了，为什么还要和我借钱呢？”妈妈看着一叠零钱问道。

“因为这些钱还不够，加上妈妈借给我的100元，我就有200元了。妈妈，我能买你一天的时间吗？明天学校放假，我可以买你一天的时间，陪我一天吗？”

很多的妈妈都会找一堆的理由来解释为什么无法和孩子分享时光，却不知道这些理由会深深地伤害孩子的内心。英国教育家夏洛特·梅森曾说：“作为父母，如果我们不履行自己教育孩子的职责，权威就像手套一样被别人捡走。很多家长总是终日奔忙，从来无暇顾及孩子。当他们终于有一天想好好关心孩子的时候，发现竟然无法与孩子进行沟通，妈妈对孩子已经变得无足轻重。”

妈妈无论从事什么工作，无论多忙，都应该找时间陪伴孩子。吃完晚饭后，可以和孩子聊聊天，问问他们班级里发生的故事；在周末，多陪孩子去逛逛他们感兴趣的地方，如博物馆、公园，或者带着孩子去郊游。这样既让孩子感受了大自然的美好，又锻炼了孩子的身体，还能增进你和孩子的情感，何乐而不为呢？李开复曾这样呼吁：“中国的家长：多陪陪孩子，无论多么忙，都要和孩子一起玩，平等地谈心。不要以为把孩子送到学校了，一切都是老师的事情，然后回家了就督促孩子做作业。当孩子做了不合自己期望的事情的时候，不要马上发火，先听听孩子的理由。”

还有一点值得妈妈们注意的是，陪伴孩子，和孩子一起享受时光，要成为孩子的朋友，而不是让你监督孩子，否则会增加孩子的压力，让孩子宁愿你不在他的身边，离他远一些。在陪伴孩子时，注意给孩子充分的自由，让他们按照自己喜欢的方式来安排活动的时间和做喜欢的事情。这样的相处方式，才更容易走进孩子的内心，和孩子变得更亲近、更融洽，成为孩子的知心朋友。

寻找共同语言，不要强迫孩子倾诉

“知心姐姐”卢勤曾就孩子是否愿意和父母倾诉心事这个话题向 2 万多名中小学生展开调查。结果显示，小学生首选父母为倾诉对象的比例为 34%，中学生的比例为 17%。也就是说，随着年龄的增长，孩子愿意向父母倾诉心情的比例会下降。

孩子不愿将自己的心事告诉父母是有原因的，这些原因不外乎和父母谈不来，没有共同语言。父母总是把一件小事无限放大，让他们焦虑不已，或是父母不能理解孩子的想法，于是孩子倾向于自己的心事自己消化。

也有一些孩子愿意将自己的心事与父母分享，他们感觉父母是他们的良师益友，能理解他们的想法，并能提出中肯的意见，给予他们真心的引导。不过，这种能和孩子相处得好，并有共同语言的家长是很少的。

很多父母仍然意识不到自己在亲子关系中出现的问题，他们发现孩子有心事但不愿与他们倾诉时，就着急地追问。没想到，越是催促孩子，孩子的逆反心理就越强，越不愿诉说，长此以往，孩子不但不愿和父母交流，亲子关系也渐渐恶化。

涛涛从小在奶奶家长大，奶奶对涛涛非常关心，每天他一回家就嘘寒问暖，一会儿问：“涛涛，今天中午在学校吃饱了没有？”一会儿又问：“今天中午吃的什么呀，好吃不好吃？”再过一会儿又问：“今天老师有没有表扬你啊？老师让背的课文你都记住了没有啊？你跟同学相处得好不好？”开始的时候，涛涛还耐心回答奶奶的每一个问题，但是过了一段时间，他就开始敷衍奶奶。每当奶奶问他学校的事情时，他就回答“还好吧，也还可以”之类的话。

一个周末，妈妈按惯例来接涛涛回家，她发现涛涛越来越不喜欢和奶奶说话，就把涛涛带到他最喜欢的麦当劳餐厅，给他点了一份汉堡套餐。涛涛很高兴，一边吃一边问道：“妈妈为什么带我来这里呢？”妈妈说：“涛涛每天放学回家都先写作业，然后复习功课，很听奶奶的话，所以妈妈要奖励涛涛。”接着涛涛对妈妈诉说起对奶奶的不满：“奶奶看我就像看犯人一样，每天回家都问我在学校吃得好不好，玩得好不好，和老师同学相处得好不好，然后我就要一一回答。如果我什么都说好，奶奶就很高兴，如果我说了学校有什么不好，奶奶就觉得我做了错事，然后就不停地唠叨。”妈妈对涛涛说：“妈妈是你的好朋友，奶奶也希望成为你的好朋友，以后妈妈和奶奶都不会强迫你，等你想跟我们说什么的时候再说好不好？”涛涛听了妈妈的话心情放松了不少，开始大口地吃起汉堡。

孩子愿意和父母说心里话，是因为他们相信父母能为他们排解烦忧，但有的时候孩子说了半天，家长总是用大人的眼光看待问题，绕来绕去把所有事情都引到学习上，告诫孩子只有学习好才是硬道理。父母以为自己苦口婆心一番话，应该换来孩子的热情回应，结果事情却向着相反的方向发展，导致孩子越发不愿和父母说话。

当孩子有心事的时候，父母没必要步步紧逼，想去弄清楚事情的原委。有时候给予孩子独立思考的空间，在旁边默默陪伴孩子、关心孩子就够了，这样做不仅是给孩子机会，同时也是给自己机会。如同将一把沙子握在手中，越是使劲儿紧握，沙子流失得越快，如果手掌保持轻松的姿势，沙子还能保留得多一些。因此，开明的父母不会逼迫自己的孩子说心里的秘密，而是耐心地开解他，这样孩子才能主动倾诉。

明明这一阵子不大开心，每天放学一回到家不看电视，也不和爸爸妈妈交流，而是直接躲进自己的小屋，好长时间不出来。妈妈看他有些反常，但是没有去打扰他。到了晚饭时间，妈妈来到明明的房间，先敲门，然后轻声问道：“明明，这几天是不是作业很多，怎么一回到家就躲进房间不出来呢？”明明应声道：“是，最近作业很多。”话语中带有不耐烦的语气。等吃完晚饭，明明就又回自己房间去了。

接下来的几天，明明仍然喜欢独处，除了吃饭时间，妈妈基本看不到他。妈妈感觉明明一定遇到了什么不愉快的事情。他不愿意告诉父母，但又无法自我排解。妈妈深知，孩子也会有自己的心事，他之所以不愿意倾诉，是因为他还没有找到安全感，这时父母一定不能强求，要慢慢引导。一天，妈妈来到明明房间，问他学习累不累，需不需要陪他坐一会儿。明明答应了妈妈的要求。接着，妈妈对明明说：“尽管作业很多，但也要注意身体，一定要早点儿睡觉，好好吃饭。”此后，妈妈经常做一些明明最喜欢吃的东西给他送进房间。明明感受到妈妈对自己的关心和爱护，主动请妈妈到房间坐会儿。

妈妈坐到明明身边，明明欲言又止的样子更让妈妈确定孩子一定有什么心事。当然妈妈并不急着追问，而是给他更多的空间选择要讲出来还是埋在心里。最后明明告诉妈妈，最近他一个最要好的同学要转到其他学校上学，以后他俩就不能在一起玩儿了，因此明明很不开心。妈妈也为明明失去一个好朋友感到难过，她给予明明耐心的安慰和鼓励，帮助明明走出了阴霾，此后，明明又变得像以前一样无忧无虑了。

在生活中，有很多父母想与孩子成为无话不谈的好朋友，却总是找不对交流的方式。开明的父母在生活中不会专制，而是让孩子独立地去思考自己的问题，并在身边默默支持、默默陪伴。父母不要急着逼迫孩子说出心里话，但要有意识地给他们创造诉说的环境，当孩子从中找到安慰与激励，自然会倾诉自己的心事。

唠叨只会让孩子远离你

在中国家庭中我们常常看到这样的现象：妈妈总是不厌其烦地对孩子进行叮嘱。当孩子玩耍的时候，妈妈叮嘱："快点去学习，作业还没有做完就开始玩。"当孩子不小心犯了错时，妈妈唠叨："怎么这么不小心，长脑子了吗？"

通常，唠叨的话语就是机械地重复，一句话说了很多遍，会让孩子变得躁动不安，让孩子不能将精力全部放在学习上。

事实上，父母唠叨的内容大多是指向孩子的缺点和不足，没完没了地数落孩子，或者是规劝式的"不许这样""不要那样"等，让孩子感觉没有一点点自尊。

如果父母对孩子过于苛求，会让孩子心生厌烦，父母这样做最后导致的结果就是孩子对他们的话无动于衷。

妈妈早早地起来，一边收拾房间，一边为李华宇准备早餐。6：30，妈妈将牛奶、鸡蛋、面包准时端上桌，就开始一遍一遍地叫李华宇起床。妈妈叫了很多遍，一直到快7点了，李华宇才从床上爬起来，刷了刷牙，随便吃了两口早餐就应付了事了。

与此同时，从房间里传来妈妈的唠叨："你这邋遢大王，天天把自己的房间搞得乱七八糟，每天让你起床都得喊破嗓子才动，你这样怎么去上学啊？而且早饭也吃得囫囵吞枣，身体是革命的本钱，胃要是坏了，看你怎么去上学。天天跟你说也没用。要是你每天起床早点儿的话，还用这么赶时间，也不会总是被老师批评你迟到了……”

李华宇对妈妈的话左耳进右耳出，吃完喝完抓起书包，一溜烟儿就跑了。妈妈追在李华宇身后喊着：“着什么急呀，毛毛躁躁的，考试也这样，难怪成绩总上不去。哎，上学的东西都带齐了吗，别又落下什么了，真是不能让人省心……”

唠叨是中国父母教育孩子时最常见的错误。很多父母受自身文化水平所限，不能直接在学习方面为孩子提供帮助，因此总是在孩子耳边唠叨，不是问孩子作业做完了没，就是问孩子有没有复习功课。实际上这是对孩子的一种干扰，还不如给孩子创造一个安静、舒适的学习环境。

据调查发现，经常被唠叨，听的人根本不会往心走。这是因为长时间听同样的话产生了不在乎的心理。所以，父母别把责任都推在孩子身上，平心而论，是不是自己的唠叨造成了孩子性格上的缺失。

赵娟很喜欢看课外书，每当放学回家，她就迫不及待地拿出课外书。妈妈一看见赵娟手上的课外书，就生气地说：“作业做完了吗？还看课外书，快去做作业。”赵娟赶紧回答：“我看完这篇文章，马上就去做作业，就10分钟。”“10分钟，你说的啊？”3分钟之后，妈妈又开始埋怨了：“看完了吗？还不赶紧做作业，又要写到晚上12点呀？”赵娟没有理她，而是继续看书，不过心里有点烦。

不一会儿，妈妈又埋怨：“你就和别的孩子不一样，人家一回家先做作业，你倒好，拿着课外书看个没完没了，作业写到深夜，时间不够用时就敷衍了事，这样怎么会提高成绩呢？”

每个孩子都知道回家要写作业，父母的唠叨往往会让孩子对写作业感到厌烦。虽然父母有责任对子女的不良习惯进行引导，但是如果没有注意方法而是一味唠叨，不但起不到引导孩子的效果，反而还会产生很多负面的影响。

反复唠叨只会让孩子心生反感。随意性唠叨更容易分散孩子的注意力，孩子根本记不住你说的重点。所以，父母们，请收起你们的唠叨，还孩子一个清净的空间。

强迫孩子，只能让孩子对你倍加反感

家长在教育孩子的问题上，总是喜欢将自己的意愿强加给孩子，用所谓成熟的思想干涉孩子的选择，对孩子的兴趣爱好视若无睹，这样的做法对孩子的心理打击是非常大的。

佩佩喜欢唱歌，并且具备一定的音乐天赋，她被老师选进了校合唱团。妈妈出于中考加分的目的，给已经读初三的她报了美术班，但佩佩并没有兴趣，而是利用很多课余时间练习唱歌。

一天，正在练习唱歌的佩佩被妈妈大声呵斥道："烦死了，唱得这么难听还唱，还不赶紧画画去！"

佩佩顿觉心寒，这无疑打击了她的自尊心。于是她无可奈何地拿起了画笔，顿时感到手臂重如千斤，此时此刻她觉得画画对她来说就是一种惩罚。妈妈的举动让佩佩甚为不解，她不清楚妈妈为什么总是强迫她做不喜欢的事情。慢慢地，佩佩被这种消极的情绪影响着，学习成绩越来越糟。

很多父母总是将自己的喜好强加给孩子，举例来说，孩子的兴趣对他们来说就像空气一样，他们不管孩子愿意不愿意，一厢情愿地替孩子选择特长班，而且不允许孩子拒绝，否则，对孩子非打即骂。失去自由和选择权利的孩子怎么可能有快乐的心态呢？

如果孩子有自己的兴趣爱好，父母不能利用学习的幌子打击孩子的兴趣爱好。家长的这种做法是令孩子十分苦恼和愤懑的。如果家长忽视孩子的兴趣爱好，将自己的意愿强加给孩子，那么孩子的天赋就会无从发挥，结果适得其反，弄得亲子关系日渐疏远。“强扭的瓜不甜”，强迫孩子放弃自己的兴趣爱好，这个道理同样也适用。

抛开遗传因素不说，兴趣因素对孩子能否有所成就有着重要的影响。说得具体一些就是，兴趣是最好的老师，孩子会因为自己的兴趣爱好积极投入到这件事情中，他们愿意投入更多的时间和精力去做好这件事情。因为兴趣带有主观倾向，主观倾向更能激发一个人的好学精神，从而达到满足自己的目的。

举例来说，孩子如果爱好下棋，无论学习时间多么紧张，他们还是会挤出一些时间与人博弈一番；喜欢球类运动项目的孩子总是会找时间去运动。切莫忽视这些挤出来的时间，经过日积月累后，它们所爆发出来的能量是惊人的。

兴趣对一个人性格的形成和成长有着重要的影响。这个时代是一个崇尚个性的时代，某一领域的专业人才会更多受到大家的关注与青睐，培养孩子最好的方法就是将孩子的兴趣爱好最大化。尤为关键的是，孩子的特殊能力往往是因为自己的兴趣爱好而被激发的，而兴趣爱好把孩子的潜力发挥到了最大化。如果能正确引导孩子的兴趣爱好，孩子会在快乐的氛围中学习，将来才可能在该领域有一番作为。

父母对孩子倾注了自己全部的心血，凡事都为孩子着想，殊不知，太多的爱对孩子来说有时就是一种无形的负担，不堪重负的孩子会因此步履蹒跚。如果父母的爱不能被孩子理解，他们就会刻意躲避父母，甚至有时候向父母发脾气。其实这种爱无形中成了孩子成长的阻碍，这种爱在不知不觉中将孩子的个性扼杀。

因此，父母在这一问题上，要讲究“爱”的方法。首先，关爱不是无节制的，对孩子来说最重要的是得到父母的尊重和理解，放开手脚多给孩子一些独立自主的空间，用正确的关爱来引导孩子吧。

著名小品表演艺术家潘长江的家庭氛围就十分民主、和谐。

潘长江的女儿名叫潘阳。潘阳说：“父母不会因为自己年纪小就不听自己的意见。凡是关于我的事情，他们都会事先听听我的想法，哪怕我的想法是多么的幼稚或不成熟。”

从小就身为学校文艺委员的潘阳，常常听到周围的亲戚朋友对自己的父亲这样说：“老潘，你应该带带潘阳，靠你的知名度，将来孩子一定能火。”潘长江曾经有一段时间也产生过这样的念头。

有一天，潘长江认为帮助潘阳的时机到了，刚刚回到家他就立刻对潘阳说：“姑娘，向你报告一个好事！央视晚会请咱爷儿俩去唱歌，你看行不行？”

潘阳思考了一会儿，回答说：“爸爸，经过前思后想，我还是不去了。”

潘长江随即问道：“唱歌不是你的爱好吗，能告诉老爹不去的原因吗？”

“虽然唱歌是我的兴趣所在，但以我现在的唱歌水平是不足以支撑我上晚会的，并且我其他的一些综合素质也达不到上晚会的标准。老爸，我认为现在时机还不是很成熟，况且我不想戴上一顶‘潘长江女儿不会唱歌’的帽子。”

潘长江为女儿的这番言论感到吃惊，他为女儿能有这番主见而倍感欣慰，女儿长大了。于是潘长江尊重了女儿的决定，将这次演出的机会谢绝了。

后来，众好友都力劝潘长江："潘阳这么好的条件，你不带带她真可惜了。你还得给她做做思想工作，拿出老爸的权威来！"

潘长江笑着对好朋友们说："孩子有自己的想法，我们应该尊重，而不是横加干预。这就像修剪出来的花草虽然好看，但毫无生气可言。只有还给他们成长的自由，孩子才会长成参天大树！"

生活中，父母可以借和孩子聊天的机会，给予他们耐心地倾听和多一分的理解，多听听他们自己的意见，让他们自己做决定，这样，孩子才会把心灵之门向你敞开，对你诉说自己的内心世界。

其次，不要将自己的决定强加给孩子，让孩子自己做决定。父母可以利用自己的经验加以引导，但孩子的意见一定要非听不可。孩子在具备选择能力时，就要让他们自己做出选择。父母要尽可能多创造一点条件和机会给孩子，让孩子在自己的兴趣中成长，让孩子自己的兴趣爱好成就自己的未来。往往是兴趣爱好将孩子的潜能开发到最大化，最终让孩子在该领域有一番作为。

孩子在步入社会之前必须具有独立自主的能力，所以，从孩子小的时候，各位家长一定要注意培养孩子独立自主的精神。将一些事情的决定权还给孩子，让孩子心甘情愿地为自己的选择而去努力。

除上述之外，尤为关键的一点就是对于孩子不感兴趣的事情，家长们千万不要强迫他们去做。

古希腊哲学家苏格拉底有句名言："认识你自己！"父母是孩子的 第一任"老师"，所以家长有责任帮助孩子认识自己，让孩子清楚自己的喜恶所在，而不是一味强迫孩子顺从自己的意愿。

聪明的家长，懂得让孩子去做自己感兴趣的事情，引导孩子正确认识自己的兴趣爱好，并帮助孩子提高自己的兴趣水平。这样做，孩子的学业不仅不会受到影响，而且还起到了促进学习兴趣的积极作用。

父母强迫孩子做不喜欢的事的后果，只能让孩子对你倍加反感，结果将适得其反——孩子变得越来越不听话。

第二章

批评孩子不能伤他的自尊

批评孩子不可当着他人面

孩子犯错的时候，有些家长总是不顾时间、地点就对孩子大声斥责，更有甚者还动手打孩子。殊不知，这样的教育并没有什么效果，反而会引起孩子的逆反心理，激起孩子的对立情绪。即使孩子认识到了自己的错误，他也会不服气，甚至强词夺理。

人都有自尊心，孩子也不例外，家长们千万不要忽略这一点。尤其有外人在时，孩子的自尊心会更加强烈。家长如果总是对别人讲自己孩子的缺点或是在别人面前呵斥孩子，孩子的自尊心会大大受到伤害。孩子的自尊心比成年人要强得多，孩子会因为自尊心受到伤害而遭遇更多的打击。因此，当着别人的面对孩子进行批评的做法是不当的，这样非但起不到教育的效果，更会给孩子心理上造成致命的打击。

相反，如果父母懂得尊重孩子，不在别人面前数落孩子，和孩子单独在一起的时候再告诉孩子错在哪里，孩子则很容易接受批评。

周末，王阿姨来阳阳家做客，送给阳阳一个包装精美的儿童大礼包。阳阳妈妈悄声交代阳阳，等王阿姨走了才能打开礼包品尝。但一转眼，阳阳已经把礼包打开了，抓起一个果冻就吃了起来。

阳阳妈妈有些生气，当着王阿姨的面大声说："你这孩子怎么这么嘴馋，真没礼貌！好像八辈子没吃过东西一样……"一语未了，阳阳嘟着嘴不高兴了，生气地把礼包扔到了妈妈身上。

为了解围，王阿姨急忙说："没事没事，小孩子嘛。"接着，又微笑着对阳阳说："阳阳，你今年上小学一年级了，你告诉阿姨你都会干什么呀？"

阳阳挺了挺胸膛，自信地说："我是一个男子汉，会干许多事情呢！我会洗自己的衣服，会帮妈妈洗碗，替爸爸浇花……"

这时，阳阳妈妈打断了阳阳的话："你还好意思说呢，你洗衣服把衣服洗了一个洞，洗碗摔碎了一只碗，浇花时差一点儿就把花从花盆里浇走了。"阳阳的小脸涨得通红，他双手攥拳，气鼓鼓地跑回了自己的房间。

后来，阳阳待在自己的小房间里半天不出来，任凭妈妈怎么敲门他都不理不睬。妈妈心里很郁闷："我不就是说了几句嘛，阳阳为何这样气急败坏？"

父母在批评孩子时，要避免使孩子在他人面前感到难堪。如果需要当时说，俯身叫孩子到没人的地方是最好的方式，这样做不仅保护了孩子的自尊心，也容易让孩子接受自己的说教。相反，如果总是当着别人的面批评孩子，立刻就让孩子没了面子，就算他有承认错误的心，但因为自己"下不来台"，索性就和家长对抗到底了。

中国人讲究"当面教子"。所谓"当面教子"，即家长喜欢当着其他人的面，指出孩子曾犯或者正在犯的错误，并对孩子进行"现场教育"。有的家长有这样一种心态：让外人看到自己批评孩子，证明孩子有教养、有家教。但是，很多时候"当面教子"不但起不到教育的效果，还会使教育的效果走向反面。

还有的家长总是喜欢在家用吼叫的方式批评孩子，这样一来，四周邻居没有一个不知道的，孩子的自尊心无形中就受到了伤害。还有的家长喜欢在家里来客人的时候批评孩子，念叨孩子的缺点，在这种情况下，孩子的自尊心也会受到伤害，这样非但没有达到教育的效果，反而会促使孩子产生对家长的逆反心理。

周日下午，同学们应邀来到一位同学家聚会，正当他们玩得尽兴的时候，那位同学的家长回来了，一看到家里乱七八糟的场景，就当着大伙的面把自己的孩子臭骂了一顿。孩子因此感觉特别没有面子，非常尴尬，于是跑到姥姥家去住了，每天放学都回姥姥家。这样的僵局维持了2周左右，最后还是以家长主动道歉孩子才回家而告终。

家长在别人面前批评孩子，孩子会觉得特别没有面子，甚至会觉得是在被羞辱，其结果是把挨训的原因早就忘到脑后，只留下对父母的强烈反感。孩子甚至会怨恨父母，造成亲子关系紧张。有一个孩子对他的同学说："我恨死我妈了，家里一来客人就批评我，越批评我，我越不服，越是要和她对着来。"有些孩子虽然表面没有很大的反应，但是问题并没有解决，有的甚至会把错事从表面转到背后，那就更危险了。

俗话说："人要脸，树要皮。"孩子同样也是一个独立的个体，经常在别人面前批评孩子，会严重挫伤孩子的自尊心。家长要让孩子认识到，犯错的是孩子自己，改错的也是孩子自己。家长只针对孩子的错误批评他，且在没有他人在场的情况下。改正错误就是好孩子，父母不要更多地关注他之前的错误。

家长们千万不要忽略孩子的自尊心，发现孩子有不良行为时，不要用恶劣的态度批评孩子，可以提醒她，也可以在安静的场合和孩子谈谈，引导孩子鼓起勇气正视自己的错误和不足，这样才能帮助孩子形成正确的是非观，还能保护孩子的自尊心。

不要用言语攻击孩子

如果说什么对孩子的伤害最大，很多人的答案很可能是身体伤害。身体伤害会给孩子的身体带来伤痛，甚至会影响其心理健康。而语言对孩子造成的伤害，远比肢体伤害要严重，因为它会给孩子的心灵留下难以磨灭的创伤。

“中国少年儿童平安行动”曾进行了一项调查，询问学生们认为最急迫需要解决的校园伤害是什么，结果表明：81 .45% 的小学生认为语言伤害是校园里最亟须解决的问题。也就是说，语言伤害所带来的痛苦让孩子们难以承受。

对于大多数家庭来说，父母用话语攻击孩子也是很普遍的现象。5 岁的小姑娘不小心将米饭弄到地上，妈妈怒气冲天地说：“你这孩子怎么什么都不会，连饭都不会吃，简直笨死了！”7 岁的小孩因为贪玩没有按时完成妈妈交代的任务，妈妈指着孩子骂道：“爸妈上班给你挣钱多不容易，你一点儿也不争气，怎么对得起我们的养育！”10 岁的孩子考试得了 98 分，把试卷拿到爸爸面前等待表扬，等来的却是无情的责备：“考 98 分算什么，还有考 100 分的呢，你可别得意，下次要不考全班第一，小心我的拳头。”

当父母和孩子交流的时候，无论是提意见还是给出答案，你所说的每一句话都会给孩子带来影响。积极的语言会让孩子变得自信开朗、乐观向

上，而那些攻击性的语言，句句伤害孩子的内心，会让他们感到委屈自卑、失去自信、焦虑不安、胆小懦弱，严重者甚至会出现多种行为障碍。

于希上幼儿园的时候还是个开朗健谈的孩子，可是她上学后却变得性格内向了，总爱一个人待在家里不与人交往。她的性格为何会发生如此大的转变？

于希5岁的时候父母离异，从此母亲对她要求便十分严格，希望她接受最好的教育，为自己争一口气。母亲为于希报了各种辅导班、特长班，并且规定她门门功课必须在95分以上，低1分也要接受最严厉的惩罚。此后于希每天在学校和上辅导班的路上奔波，纵然十分辛苦，但她认为更为辛苦的是听母亲的数落。一次，她数学得了94分，妈妈对她说："你脑子进水了？这么简单的题都不会，真是不争气，罚你把错题抄写一百遍。"还有一次，她英语考了85分，虽然这个分数与妈妈的要求相差甚远，却是全班最好的英语成绩。可是妈妈不管这些，她对着于希劈头盖脸就责备了一通："你说你，我供你吃供你穿，你居然用85分来回报我，这么没出息，还不如把你扔给你爸呢。真是猪脑子！"于希解释说："英语题太难了。"可是妈妈根本不听，喋喋不休地对她进行训斥，于希最终难以忍受，流着眼泪跑回房间，她再也不想和妈妈说话了。

父母在气急败坏的时候，往往会随口说出很多带有攻击性的语言，尽管他们的本意是为了激励孩子，殊不知却对孩子造成了很大的伤害。父母望子成龙本没有错，但语言攻击会深深地刺痛孩子的心灵。孩子视父母为世界上最亲近的人，父母的语言攻击让他们一时间感受到了亲人的冷漠无情，他们找不到安全感，为了抵挡语言攻击带来的伤害，便会疏远和躲避父母。

因此，父母要高度重视攻击性语言给孩子带来的危害，调整好心态，尽量改变自己的说话方式。尽管父母在很多情况下是因为气极之下口无遮拦，但在教育孩子的时候也要尽量保持理智，控制好自己的情绪。当发现孩子某些地方做得不够好时，要用温和的语气引导他们。即使批评孩子，也要讲究说话的艺术，不能不计后果，张口就来。尽量去掉那些指责、呵斥的话语，用积极性的语言代替，例如"慢慢来，没关系"或是"妈妈对你有信心"等。父母用平常心看待孩子，孩子也会从心底感受到父母的爱。

批评孩子的时候，切忌唠叨个没完

很多父母批评孩子的时候喜欢唠叨个不停。因为他们认为说的次数多，是在帮助孩子强化记忆，孩子印象深刻，执行起来才更容易。其实，批评孩子的时候唠唠叨叨，效果并不理想。

人们常说，说话要言简意赅、突出主题，说出的话才有说服力。而唠叨就是说话冗长、琐碎，一句话或是同一件事情反复说个不停。在批评孩子的时候，如果同一句话重复多遍，或一件事情说个没完没了，成年人听了都会感觉心烦意乱，难以接受，更别说是孩子。

璐璐小的时候特别喜欢学习，成绩在班里也是名列前茅，后来却越来越不喜欢学习。

一天，璐璐放学回家，打开作业本准备做作业，突然被桌子上的一本课外读物吸引住了。那本书装帧很精美，书名也很特别，璐璐本来就很喜欢文学类读物，于是她放下笔，打开课外书看了起来。看了几页之后，璐璐想起作业还没做呢，感到有些内疚，但书里的故事实在太有意思，她舍不得放下，所以决定再看一节。

这时妈妈进来了，看到璐璐在读和作业无关的书，十分生气，大声地对璐璐说："看这些乱七八糟的书干什么，怎么还不做作业！"璐璐说："知道了，妈妈，我看完这一节就做。"妈妈说："看完一节？那得耽误多长时间呢，先去写作业。”璐璐央求道：“妈妈，还有10分钟就看完了，就10分钟。”妈妈不耐烦地说：“10分钟？这可是你说的。”说完妈妈转身离开房间。没过多长时间，妈妈又进来了，再次生气地对璐璐说：“怎么还看呢？不是说看完就写吗？”璐璐看了看闹钟说：“妈妈，不是说好10分钟吗？这才过了4分钟。”妈妈没好气地说：“你抓紧时间吧，现在不快点写，晚上又得睡那么晚。”璐璐这时感到很心烦，没有说话，继续看着课外书。

妈妈此时开始不停地抱怨：“别人家的孩子一进屋先写作业，可你呢，进门先看无关紧要的书，等到快睡觉了，才开始写作业，这样怎么能把学习搞好？”璐璐听到妈妈的唠叨，连课外书也看不进去了，说：“妈妈，我不是说了吗，只看完这一节就写作业，您就别唠叨了。”妈妈说：“哎呀，你不写作业还有理了，我这样不停地说，还不是为你好？要是你能听点话，我至于这么累吗？”璐璐感到越来越烦躁，把书合上，扔到一边生气地说：“行了，我不看了还不行吗？”于是开始写作业。但是想起刚才妈妈说的话，她就生气，越是气愤，越写不下去作业，就这样磨磨蹭蹭，直到10点钟才做完。

璐璐回家后没有立即写作业而是看课外读物，本来就感到内疚，妈妈第一次进房间的时候，如果出于善意的提醒，璐璐的内疚感会促使她尽快放下课外书，积极地抓紧时间去写作业。但是妈妈用唠叨的方式教育璐璐，结果使孩子本身的内疚自责因为妈妈的唠叨而消失不见，留下的只有心烦意乱，试问孩子带着这样的情绪去做事，怎么能够做得好呢？

妈妈批评孩子时喜欢唠叨个不停，多半是带着恨铁不成钢的心态，她们希望尽自己最大的努力改变孩子，其初衷是好的，但是做任何事情都要讲究方式、方法。有时妈妈说得越多，孩子的逆反心理就越严重，不但会使教育效果下降，还会使孩子畏惧与父母之间的沟通和交流。

很多妈妈在看待孩子的问题时，往往将孩子的天性误认为是他们的错误，其实那是不对的。就好像2岁的孩子看到电门就想触摸只是出于好奇，他们并不知道这些东西多么危险。对于这种情况，妈妈需要做的是告诉他们这种做法所带来的严重后果，如果只是喋喋不休地批评教训，则丝毫不起作用。唠叨会让家长失去倾听孩子声音的能力，如果孩子想解释自己为什么要这样做，妈妈则认为孩子是狡辩，然后再次批评，这只会让双方关系越来越疏远。

如果孩子长期承受妈妈的唠叨，妈妈焦虑的情绪就会给孩子造成巨大影响，孩子感受到巨大的心理压力，会变得不自信，负面情绪也会愈加严重，甚至影响到孩子的性格发展。

其实，孩子是一个独立的个体，即使他有些事情做得不够好，想法不够周全，但他有能力去处理好自己的事情。批评教育的话说多了，反而会让孩子反感。如果相信孩子的能力，给予孩子多一些包容和体谅，站在平等的角度与孩子进行交流，孩子一定会做得更好。

阳阳妈妈以前在教育孩子的时候也喜欢唠叨，弄得阳阳不胜其烦。一次偶然的机会，她听了亲子教育专家的一场讲座，之后便意识到，唠唠叨叨不但教育不好孩子，反而会令情况恶化，于是决心改变自己。

往常，阳阳放学回到家，妈妈让她做的第一件事就是写作业，如果阳阳提出自己的建议或是想法，就会换来妈妈的一顿数落。阳阳实在拗不过妈妈，就会说："行了，求你别说了，我去写还不行？"但写完作业之后，阳阳却不愿和妈妈说话了。

这天，妈妈决定换一种方式来拉近母女之间的距离。阳阳放学后，妈妈依然提醒她说："你写完作业我们再吃饭。"这话只说了一遍之后就再没有重复。阳阳到屋里写作业，快7点钟的时候出来一看，满桌子的饭菜一动都没动，就问妈妈："你们怎么还没开始吃呢？"妈妈认真地说道："你一回家我不是说了，你做完作业，我们再吃饭。"阳阳显得很高兴，说道："妈妈，你什么时候说的，我怎么没听见？"妈妈笑着说："是不是我不唠叨，你耳朵不好使了？"阳阳被妈妈逗笑了，母女二人你一句我一句说得不亦乐乎，晚饭吃得特别开心。

将心比心，如果妈妈认为他人的唠叨容易让自己心烦，就不要让同样的烦恼发生在孩子身上。只有站在孩子的角度思考问题，走进孩子的内心世界，了解他们的真实想法，才能找到适合的教育方式。与其批评时唠唠叨叨，自己说着累，孩子听着也累，不如多给孩子一些成长的空间。孩子有了独立意识和自信心，一定能做得更好。

培养孩子的责任心

孩子将来都要自己去面对一切事情，有自己独立的思维，靠自己的能力走自己的路。做妈妈的即使竭尽全力去保护孩子，也只是暂时的，到最后还得靠孩子自己去完成。

一个人是否有责任心，这和他日后能否在社会上立足有着重要的关联。妈妈应该主动地培养孩子的责任心，有意识地交给孩子一些家庭任务，让孩子和家长一起参与家庭计划，磨炼孩子独立做事的各方面的能力。将来随着孩子年龄的慢慢增长，妈妈还要逐步教育孩子自己的事情应该自己完成。妈妈应在孩子做事之前设立相应的目标，鼓励孩子完成所设立的目标。如果孩子在做事情的时候遇到了困难，妈妈可以给予口头指导，但是不一定要动手帮孩子去做，不要让孩子失去独立完成事情的机会。孩子都有好奇心，这是天性，什么都想试着去做，但随之而来的问题是孩子的随意性也很强，做事情总是断断续续、虎头蛇尾。哪怕是妈妈将一件小事交给孩子去做，妈妈也要督促孩子以及对孩子完成的结果做评价，用来培养孩子持之以恒、认真负责的态度，从而增强孩子对家庭的责任心。

家庭是孩子成长最重要的环境，是孩子生活和学习的场所，所以妈妈培养孩子的责任感应该从这里入手，妈妈要让孩子知道他和家人是一个整体，让孩子知道他在家庭里的主体地位，妈妈还应该让孩子开心地参与家庭生活的各个方面，让孩子感觉到自己不是家里的客人而是有话语权的主人，当孩子体会到自己在这个家中确有一席之地的时候，孩子的家庭责任感也就培养起来了。首先，妈妈转变自己的观念才是实现上述教育方法的前提；其次，不要把孩子当成无知的孩子，家里的事情都应该给孩子一个发表自己意见的机会，让孩子帮着家长想办法解决问题。妈妈要积极采纳孩子提出的好建议并给予孩子表扬和鼓励。家务活儿也要有明确分工，大家各司其职，都要按照事先规定好的来做，可以适量分配给孩子一些家务去做。妈妈也可以让孩子扮演家中“质量检察官”的角色，让孩子监督大家做事。妈妈还可以利用假期时间让孩子当家做主，只要是在这个时间段内不会给家里造成重大损失，这家里的事情都可以由孩子来自行决定和安排，孩子会从中受益良多。

1920 年，一个小男孩因为踢球时不小心把邻居家的玻璃打碎了，他需要赔偿邻居 13 美元的损失。别小看这 13 美元，这笔钱在当时可不是小数目，在那个年代可以买到 125 只生蛋的母鸡。走投无路的男孩只有向妈妈承认错误，并寻求帮助。妈妈告诉他要为自己的行为负责。男孩非常为难，因为他没有那么多的钱，于是他向妈妈借了 13 美元，并答应妈妈一年之后必须还清。男孩为了还钱，开始了艰苦的打工生活，半年后他终于还清了妈妈 13 美元的债务。这个男孩就是后来大名鼎鼎的美国总统里根。他是这样评价那个时候的自己的：“自己的过失由自己的努力来弥补，‘责任’二字是这个过程中我最大的收获。”

孩子责任心的形成和家长对其的教养态度有着很大的关联。如果家庭环境民主，孩子有独立的思维空间，有表达自己观点的机会，这样的家庭氛围更有助于孩子责任心的形成。如果家长过度娇惯和保护孩子，容易让孩子缺乏对社会和别人的责任心。让孩子心中有爱，去关心并善待他人，这才是培养孩子对社会的责任心的基本要求。如家长生病的时候，要让孩子学会照顾家长；要让孩子记住家长的生日，鼓励孩子在家长生日的时候送上一份祝福；让孩子做力所能及的家庭劳动，慢慢培养孩子对家庭的责任心；经常和孩子沟通，让他们弄清楚做某些事情是必要的义务和责任。不论要孩子做什么，都要对孩子交代清楚，当孩子很好地理解了家长的意图后，才能很好地完成家长交代的事情。不论家长对孩子做出了什么样的承诺，都要尽自己最大的努力去兑现，如果实在是没有办法兑现的情况，一定要和孩子解释清楚原因。与此同时，要求孩子引以为戒，千万不要向别人轻易许诺，许诺了就一定要兑现。对于社会公益活动和学校的集体活动，一定要鼓励孩子积极参与，以此来培养孩子的集体责任感。

健全人格是建立在拥有责任心的基础上的，所以说责任心也是发展的原动力。责任心的培养涉及方方面面，妈妈们一定要注意把握好细节。

作为家庭中的一分子，孩子有应享的权利，也有应尽的责任。如果一个孩子没有家庭责任感，那么他将来走向社会后何谈承担社会责任呢？不管从大的方面还是从小的方面，都要让孩子感受责任的分量。洗一次衣服，倒一次垃圾，妈妈都应给予孩子鼓励，不负责的时候给予批评和惩罚，只有这样才能让孩子深化对他人和社会环境的责任心。

只有通过孩子自身的体验才能培养他们的责任感，这是谁都替代不了的。一些妈妈凡事亲力亲为，从不让孩子自己动手，试问在这样环境下成长起来的孩子怎么会有责任心呢？孩子自己应该承担没有做好事情的后果，孩子才会懂得负责不是自己一个人的事，还是对家庭和社会的一种责任。

家长要做孩子的好榜样，家长对家庭、社会的责任心是什么样的，对孩子来讲是一面镜子。如果家长对家庭和社会都没有责任感，那么怎么能培养出孩子的责任心呢？有些妈妈在生活上为孩子事事代劳，是想让孩子多些学习的时间。学习是很重要，但是妈妈让孩子从小“自己的事情自己做”，则是起到了教育的作用，对培养孩子责任感极有帮助。所以，妈妈应该根据孩子的年龄安排适当的事情，让孩子做力所能及的事情。

妈妈让孩子多学习生活技能，通过每天不停地练习养成良好的习惯。妈妈也有必要教会孩子如何去面对问题、克服问题，要教会沟通。当孩子能成功做好一件事的时候，还要让孩子将来同样鼓励和帮助他人。温室的花朵经不起风吹雨打。多给孩子锻炼的机会，让孩子承担他应该承担的责任，这样孩子在日后走上社会时才有勇气承担更多的责任，不论困难重重还是一帆风顺，他们都能够勇往直前，谱写出自己人生美好的篇章。

妈妈也要懂得道歉

很多妈妈认为，向孩子道歉是一件没有面子的事情。其实这种观念是错误的。

从不和孩子坦承自己缺点和过失的妈妈会给孩子造成这种印象：妈妈总是出错，但她总是认为自己是对的。长此以往，孩子就不会听从家长的教诲了。如果妈妈犯了错，能及时认真地向孩子道歉，无形中教会了孩子承认错误是责任的一部分，它并不可耻，进而提升了孩子的是非观。

一些孩子在“犯错”后，妈妈由于难以克制感情上的冲动，对孩子进行了较为严厉的惩罚，事后妈妈搞清楚了原来错不在孩子，只是因为自己没弄明白事情的起因就给孩子下了结论。如果妈妈能在这时向孩子承认自己的错误，并进行认真的道歉，这样就能用自身行动引导孩子走上正确的道路。

一位妈妈回忆起一件事情时苦恼地说：“一天下班回家后，我发现我们家的鱼缸碎了。因为儿子淘气，我断定鱼缸的损坏肯定和他有关，于是我狠狠地批评了他。但儿子没有承认是他做的，他反倒觉得委屈。我顺手就打了儿子，我认为他这是在狡辩。晚上，孩子他爸回来后说是他不小心把鱼缸打坏的，我这才意识到我错怪孩子了。但我因为好面子，并没有给儿子道歉：‘虽然这次的幕后元凶不是你，但你平时也非常淘气，你以后不能再淘气了。'没想到此后很长的一段时间内儿子都没有和我说过话。我这才意识到是我的做法让他伤心了，但是，我放不下作为妈妈的面子，我真不知道我该怎么处理这件事情。"

其实，在生活中这样的例子很多，妈妈错怪孩子或者做错事情是非常正常的事情，但很多妈妈不愿意承认错误，更不愿意给孩子道歉。因为妈妈总觉得自己是长辈，在孩子面前要有"威严"，而犯错是很丢面子的事，道歉就更不可以了。如果我们还教育孩子说："你做错了事要承认错误，要做个勇于改正错误的好孩子。"家长自己做不到的事情，却要求孩子做到，孩子会听我们的教导吗？

12岁的波波经常在放学后偷偷跑去游戏厅玩游戏，常常回家很晚。有一天，他又回来晚了，妈妈很生气地问："你又玩游戏去了？"波波说："今天我值日。"妈妈说："少跟我撒谎，我还不知道你？"波波说："今天真的是值日。"妈妈根本不听波波的解释，继续对波波吼道："都说你多少次了，不准玩游戏，你就是不听，我看你是找打了！玩游戏还要撒谎说做值日，你是越来越不学好了。"

这时，门铃响了，妈妈去开门。原来是隔壁乐乐，和波波是同班同学。乐乐拿着一条红领巾说："阿姨，波波今天值日，把红领巾忘在教室了。"关上门，妈妈知道原来今天真的错怪儿子了。可是，妈妈又不好意思直接给波波道歉，就问波波："儿子，今天晚上想吃什么？妈妈给你做。"波波嘟着嘴说："我没胃口。"说完就回房间了。

当妈妈无意中错怪了孩子后，往往不习惯直接向孩子道歉，而是以一种婉转的方式在事后做出弥补，表达自己的歉意。但孩子往往不能理解这种婉转道歉的方式，所以还是会心存不满。如果妈妈能在做错事后坦然向孩子道歉，孩子就会感到妈妈是尊重自己的，他会因此变得更自尊、自爱，因此，妈妈的道歉就会成为对孩子的无形激励。

给孩子道歉，要讲究技巧。

1. 态度诚恳

现实生活中有很多妈妈扮演着“统治者”的角色。错怪孩子了，不但没有向孩子致歉，反倒是借题发挥，从孩子身上找原因，这样的教育方式往往是徒劳无功的。这样会让孩子觉得妈妈没有诚意道歉，而是变相批评自己。真正的道歉是能触碰到孩子心中被赏识和尊重的心弦的。

另外，还要注意对孩子道歉时的态度，妈妈态度诚恳，真心实意，孩子才能接受你的道歉。

2. 不要乱道歉

妈妈不要为了让孩子高兴就否定了自己的原则，否则，妈妈在孩子心中是没有分量的，孩子就会认为妈妈是个“软柿子”。所以，道歉一定要有针对性，如果真是妈妈错了，那么就诚恳地向孩子道歉，让孩子感受到你对他的尊重，教会他做人的道理，而不是为了讨好孩子才进行道歉。

当你对孩子的言行举止出现不当时，你应该对孩子说：“孩子，是我不对，我们一起努力改正错误好吗？”一定要让孩子感受到你的诚恳。你可以说：“是妈妈错怪了你，妈妈向你道歉。”你可以试着改变对孩子的态度，做个会道歉的妈妈。

第三章

有些话绝不要对孩子说

孩子并不是父母的脸面

孩子需要赞赏，就像幼苗需要阳光和氧气一样。特别是当孩子面对不顺心的事情时，妈妈的鼓励和安慰更能给孩子勇气和自信，所以妈妈要多给孩子鼓励，多给孩子支持，不要轻易数落孩子。在孩子遭遇困难时，要给他们勇气和信心，引导他们想办法解决问题。

菊子是个运动神经不怎么发达的孩子。一天，学校要进行百米竞赛，菊子输得很惨，在同学们的讥笑声中，菊子哭着跑回家。

妈妈看着菊子红红的眼睛，关切地问道："菊子，怎么了？"

"妈妈，我今天又跑了倒数第一了！"菊子红着眼睛说。

"我女儿这么好的体形怎么会跑倒数第一呢？"妈妈眼中满是对女儿的赞赏。她停顿了一下，神秘地问道："你想跑快吗？"

"当然想了！"菊子说道。

"那我们以后每天早上起来跑步，你说好吗？"妈妈建议道。

菊子为了不再让同学们笑话，于是坚定地点头说："好！"

第二天，母女俩一大早就出去跑步。刚开始的时候，菊子还是放不开，因为她一直觉得自己的腿不够修长。

妈妈发现了菊子的拘束之后，边跑边说："你的腿那么修长，其实只要试着把步子迈开一点，速度就能加快很多！"

“真的吗，妈妈，我的腿很长吗？我一直都以为自己跑不快是因为我的腿不够长呢！”菊子说完，噘了噘嘴。

“当然了！我们菊子的小腿长长的，最适合跑步呢！”妈妈笑着鼓励道。

菊子听了吗妈妈的话，迈起步子来也觉得轻快多了。

虽然累得满身是汗，妈妈还是笑着鼓励道：“菊子，就这样，轻松地跑，把跑步当成一种享受！就像是要飞起来一样，只要慢慢坚持，你一定能跑出好成绩！”

听着妈妈的鼓励，菊子心中的顾虑越来越少了。就这样，菊子一直坚持着晨跑。当学校再次举行百米竞赛时，菊子在同学们的惊讶声中，成了第一个越过终点线的人。

平时叽叽喳喳、活蹦乱跳的孩子，一旦有了烦恼，便会表现出苦闷和失落。这时候，鼓励和赏识对孩子来说才是最重要的，尤其是来自妈妈的赏识和鼓励。作为家长，不要认为挫折和苦恼正好是给孩子泼了一盆凉水，能让孩子冷静和反思。相反，我们应该关注孩子的情绪，多与孩子沟通，并适时地给孩子一点儿鼓励和赏识。

对孩子要多鼓励、多支持，同时我们还要对孩子少责备、少数落。有的妈妈一看见孩子不及格的试卷就大声数落：“你真是个没有救的孩子，你的脑袋是石头做的吗？这么简单的题都不会做，我的脸面都要被你丢尽了……”

孩子也是有自尊的，在这样的数落之后，孩子容易自暴自弃，不但不改正自己的毛病，不去思索怎么改进自己，还会变得沉默寡言，不再与妈妈交流思想。这样与妈妈的隔阂就会日益加深，直到没有回转的余地。妈妈面对孩子的表现也会越来越失望，并且表现出更多的无奈和不满。

有位教育心理学家曾说过，一个在妈妈的责备与数落中成长的孩子，会认为“反正做什么都得不到妈妈的认可”，久而久之，就会失去激情和愿望，变得消极而怪僻。相反，一个在妈妈赞赏之下成长的孩子，就会积极得多，也开朗得多。比如，在孩子成绩不及格的时候，妈妈不应只批评孩子，而应帮孩子找出原因，帮孩子多多分析。只有真正为孩子着想了，孩子才能体会到妈妈的爱心与鼓励，这样，孩子才会试着提高自己的能力。

因此，妈妈要经常给予孩子帮助与支持，有了进步就嘉奖，遇到挫折了则要引导，培养孩子的自信心与进取心，造就良好的学习心态与生活习惯。

分数并非评判孩子的唯一标准

面对不够理想的成绩，最受打击的是孩子。妈妈在这时不应该责骂孩子，而应该对其加以鼓励，帮助孩子摆脱压力和烦恼，让孩子勇敢面对下一次的考试挑战。

然而，当孩子不理想的成绩出现时，有些妈妈总是难以克制自己的情绪，对孩子大发雷霆："怎么才考这么点儿分？"这样的话语会严重挫伤孩子的自尊心，造成其长时间处于负面情绪之中。而当下次考试的时候，孩子的脑海还会闪现出妈妈上次看完成绩单时的反应，他的压力就会骤增，背上了心理包袱。

为什么很多孩子一遇到考试就紧张不安呢？因为他们害怕考砸后受到妈妈的抱怨和打骂！孩子考砸了就受到妈妈的打骂，孩子的压力就会增大。有人说："有压力才有动力。"但是当压力超出了孩子的承受能力时，孩子就会彻底对自己丧失信心，变得自暴自弃起来。这无疑是毁灭了孩子的未来。

王慧把期中考试的数学试卷拿给妈妈看，成绩竟然是46分，妈妈仔细一看发现有一大半是因为马虎而出错的。平日里文文静静的女儿，每天都认真地做作业，但是为什么成绩还如此糟糕呢？妈妈思考了一会儿，还是笑着鼓励女儿："没事的，我相信你下次能取得很大的进步。"然后，妈妈帮助王慧把试卷上的错误找出来，指出了王慧粗心大意的毛病。女儿很认真地听着妈妈的教导，并表示下次一定改正。

不久后的一次数学考试中，王慧考了86分。当她高兴地将试卷递给妈妈时，她的脸上洋溢着自信的微笑。妈妈看到女儿进步了非常高兴，说："我知道你是个聪明的孩子，不管你每次考多少分，我都希望你下一次考试的时候不要有压力，这样就可以考出理想的成绩了。"

帮助孩子消除成绩所造成的压力和烦恼，可以让孩子在下一次考试中没有思想包袱，使孩子不会担心万一没考好要受到的惩罚，这样孩子可以全身心地投入学习，往往就能取得好成绩。所以，妈妈应该让孩子带着轻松的心情学习、考试，快乐地生活。

无论孩子的考试成绩如何，妈妈都应该多给孩子认可和鼓励。当孩子考试失败的时候，妈妈应该坚信孩子会在下次取得好成绩，要知道妈妈对孩子的信任可以帮助孩子克服学习的烦恼。要对孩子的付出给予肯定："妈妈相信你一定可以的，只要你付出努力。"

即使孩子成绩很糟糕，妈妈也有必要对孩子说："下次努力。"使孩子把目标转向下次。这样可以防止孩子对学习失去兴趣，同时消除孩子从考场回来时的心理压力。如果孩子情绪低落，就对孩子说："这是下一次飞跃的充电期。"这样的话语让孩子能够放下心理包袱。

电视台邀请贺洋溢和她妈妈参加"知心家庭"节目。节目中，贺洋溢表示，她觉得考试只是一种测验，通过测验可以向大家展示自己的能力，所以她对考试没有恐惧心理。

贺洋溢活泼开朗的性格和妈妈的心态有着直接的关系，妈妈期望她在自律中成长，在轻松自在的家庭氛围中学习和成长。

主持人问贺妈妈：“站在妈妈的角度看，如何让孩子考试时学会放松身心，您有什么好的经验呢？”

贺妈妈说：“首先，我认为要给孩子营造一个良好的氛围，不让他们背负过多的压力。越是当孩子成绩不好的时候，孩子越需要妈妈的鼓励。批评或者打骂很容易让孩子的心理扭曲。但鼓励也需要讲究方式方法，不能为了鼓励而鼓励。另外，在孩子学习的过程中，让孩子努力拓展知识面，不断丰富知识，学习自然就轻松。”

最后，主持人问贺洋溢：“洋溢，现在你想对电视机前和现场害怕考试的小朋友说些什么呢？”

贺洋溢不假思索地说道：“相信自己一定能行，考试只是一种测验，并没有什么可怕的！”

孩子是教育的主角，学习成绩永远没有孩子的成长重要。家长应努力给孩子营造一个轻松的学习氛围和适宜学习的家庭环境，多给孩子赏识和认可，增强他的自信心，不要让孩子受到学习成绩的影响。如果他的成绩很差，妈妈要及时帮他消除压力，帮助孩子树立起自信。无论什么时候妈妈都要相信孩子，告诉你的孩子：“你能行！”

你都达不到的高度，为何要求孩子达到

家长对孩子有所期望、有所要求是应该的，也是必要的。但要注意的是，对孩子的要求标准要切合实际，要在孩子能接受和实现的能力范围之内。在此范围之内，标准可以适当提高，这样可以最大可能地调动孩子的积极性，最大限度地激起孩子的自信心。如果给孩子提出的要求标准过高而不切实际，那么势必会给孩子造成巨大的压力和难以克服的困难，长此以往，孩子的积极性和自信心将会受到严重伤害甚至打击，结果就适得其反了。

每个人的情况都是不同的。有些小孩很聪明，但做事缺乏耐心；有些小孩做事有耐心，但应变能力却相对较差一些。如果你要求这个孩子必须做到像那个孩子那样，孩子必然难以做到。换而言之，还没学会走，就被别人要求去跑，试问这样你能做到吗？

李华生在一个令人羡慕的家庭里，他是家里的独生子。爸爸是某广告公司的副总，妈妈在市区的繁华地段有一家服装专卖店，生意相当火爆。他想要什么，妈妈都会给他买，刚上初中的他就有了令同班同学羡慕的名牌衣服、手机等，但是李华却不感到快乐，整天一个人独来独往，一副心事重重的样子，从不与老师和其他同学交流。

原来，在家里，妈妈对李华的要求近乎苛刻。妈妈要求李华每次考试

都必须在全班前五名，除了正常的学习外，李华每周末还要学习钢琴、绘画、国学、奥数等，几乎没有一点儿空余时间。此外，妈妈还总是向李华灌输要考上名牌大学后出国留学的目标。这种种的要求和期望压得李华透不过气来，他说："我只想和其他同学一样，能够有自己的时间，做一些自己喜欢的事。"但是这些原本普通的事情对李华来说却遥不可及。"其实，妈妈心里一直有个遗憾，就是原本有可以出国留学的机会，结果因为种种原因而没有成行，因此，妈妈一直以这个目标要求我。"李华说："每次一想到妈妈对我的要求，我心里就发冷，我不知道我能不能完成妈妈的愿望。"

望子成龙是人之常情，施加压力也是教育子女的必要手段之一，但是，有些妈妈把孩子当成了实现自己理想的"工具"，一再施压只会导致孩子不堪重负，最后的结果适得其反。孩子的身心没有成年人想象中的那么坚强，期望过高只会让他们感到窒息。在重负下成长的孩子，渐渐失去了活泼的天性和对学习的兴趣，更有甚者会对生活丧失信心。

望子成龙的后果往往是"揠苗助长"，忽略了孩子自身的能力，一味要求孩子按家长的意愿去行事，最后的结果只会是适得其反。而比"望子成龙"更令孩子喘不过气的，就是妈妈总喜欢用别人家孩子的优点去和自己孩子做比较。这种没有缘由、没有前因后果的对比，只会一次次打击孩子的上进心，从而在孩子内心产生消极的影响。

在此，给各位妈妈一点建议，不要强迫自己的孩子，切忌操之过急。这就好比刚播下的种子是不会在短时间内结出果实的，发展总会有个过程。妈妈们怀着望子成龙的出发点是好的，但教育孩子一定要注意方式方法，正确合理地教育孩子，孩子们才会茁壮成长。

MOM

第四章

赞美要说到孩子的心坎里

赞美犹如暖流，滋润着孩子的心田

赞美作为一种赏识方法，是家长和老师对孩子的认可。一句赞美，犹如涓涓细流，滋润着孩子的心田，给了他们源源不断的动力。

铃木先生是日本著名的小提琴家。

一天，一位年轻的妈妈想尽了一切办法找到铃木，跟他说："你说过所有孩子都有可能成为小提琴家，但是我的孩子练了好几年的小提琴，丝毫没有长进。你要是能让他有所长进，我就由衷地佩服你。"

铃木随后跟着那位年轻的妈妈来到她家，母亲要求6岁的孩子给铃木拉一段小提琴曲听听。小男孩在电视上见过铃木大师，这次大师在他面前，他难免有些心慌。

孩子这次的表现还不如平时的水准。妈妈拉长了脸。

谁知铃木却一把搂住孩子说："我从未听过如此动听的琴声，孩子，麻烦你再为我拉一段琴可以吗？"

孩子听了铃木的话，心中有些小激动，然后他又拉了一段，这次的表现比上一次好了很多。

妈妈在一边看得目瞪口呆。

拉完了，铃木对孩子报以热烈的掌声和赞美。到铃木走的时候，孩子对自己产生了很强的信心。

妈妈悄悄问铃木："铃木先生，你怎么可以在孩子面前说假话呢？我儿子那拉琴的水平，连我都听不下去，你还赞美他？"

铃木回答道："我在为你的孩子治疗心病，因为他的心灵已经受伤了。只是你还没发现，每一次对他的赞美，孩子的眼睛就会发亮，孩子因为赞美会找到更好的拉琴感觉。"

后来，铃木对这个孩子进行了单独辅导。不到两年，这个孩子就举办了属于自己的小提琴独奏会。

不是聪明的孩子才会被赞美，而是赞美使孩子更聪明。在正确的时间和地点，些许夸大的赞美都能唤醒孩子已经"沉睡"的自信心。

专家指出，孩子和大人的心理承受能力有着本质的区别，教育离不开批评，但经常批评孩子，孩子会变得自卑。而赞美是促使孩子进步的原动力，对盼望孩子成才的家长们来讲，有时赞美要比批评更有效。

一位热爱音乐且在音乐创作的道路上摸索多年的青年并没做出多少成绩，他常常对自己的能力产生怀疑，甚至对自己的未来没有信心。为此，他去拜访了一位颇具才华的作曲家，希望能从大师那里得到一些启发。

青年人当着大师的面演奏了一首自己的原创乐曲，并向大师求教："先生，您觉得我还适合走音乐创作这条路吗？"

大师听得出来，青年人的演奏虽然很熟练，但缺少某种灵感。一个在音乐道路上奔波了这么多年的人，仅仅达到这个水准，真是在天赋上面有所欠缺，因此，他向年轻人坦诚说道："以你的表现来看，你的音乐天赋不是很高。之所以我这么直接，我是希望你另寻出路，别在这个方向上浪费时间了。"

大师的话印证了青年人心中的疑惑。大失所望的青年人低着头，沮丧地离开了大师的住所。

大师刚才的那番话一出口，他就有些后悔：他觉得这是对青年人很大的打击。再说，青年人即便是音乐天赋上有所欠缺，也可以通过自己的努力去弥补，干吗非得让人家放弃呢？因此，大师决定挽回青年人对音乐的信心。大师推开窗户，向他大喊道：“刚才说的话我不收回。但还有一件事我没告诉你，以前有前辈也对我说过这样的话。记住，当年的我就是现在的你。”

青年人听完大师的话，仿佛又有了对音乐创作的信心。后来，经过多年的努力，这个青年人成了一个很有名气的作曲家。

从这个故事中我们可以看出，否定的语言只会打击孩子的自尊心，消灭孩子的自信心。而赞美和鼓励的语言，才是孩子力量的源泉。世界上没有任何语言，能够比得上妈妈对孩子的一句赞美更让孩子开心，也更能增加孩子的动力。我们应该知道，家长的一句过激或者过分的话，就会抹杀掉孩子的积极性，更有可能，会因为这一句话，在孩子内心中形成一辈子的阴影。因此，作为妈妈，一定要懂得运用积极的语言，多去赞美孩子，在孩子的内心中，撒下正能量的种子。

赞美要及时

每个人都渴望被别人赏识和赞美，孩子也不例外，在对待赞美孩子的问题上，妈妈们一定要正确把握好时机。一般情况下，妈妈在孩子取得一定的成绩时，应该给予赏识和赞美，孩子的潜能也会因此而大大激发，因为孩子已经从妈妈的称赞中找到了前进的动力和方向。

可是，并不是每一个妈妈都懂得及时赞美孩子的重要性。有些妈妈觉得孩子的成绩不值一提，没有什么好赞美的；还有些妈妈则是因为怕孩子骄傲而故作冷淡。因此，在孩子需要赞美的时候，妈妈却没有任何表示。

李立是小学三年级的学生。期末考试中，李立语文考了 99 分，数学考了 98 分，总分排在全班的第十名。回到家后，他立即把这个消息告诉了妈妈。

妈妈听了后只是淡淡地说了一句：“噢，是吗？考得还不错。”

李立得意地说：“我考了全班第十名，好多同学都比我考得差呢！”说完后李立眼巴巴地等着妈妈的赞美。

然而妈妈却不在意地对李立说：“噢，知道了，你又不是第一名，还有同学比你考得更好呢！我要去厨房做饭了。”

听了妈妈的话，李立非常失望，闷闷不乐地躲进了自己的房间。他不明白，为什么自己得了第十名，妈妈却一点儿都不高兴，更没有赞美他。

在现实生活中，这样的情况时有发生。妈妈的冷淡在很大程度上打击了孩子的积极性。当孩子进步或取得成绩时，妈妈不仅要表现出高兴来，还要对孩子给予及时的赞美。妈妈要用心观察，寻找孩子身上值得赞美的地方。当发现孩子有好的表现时，妈妈要及时予以赞美与奖励，而不要拖延时间。

赞美孩子时一定要把道理讲明白，不要就简单说几句“对”“做得好”。你一定要帮他分析清楚，在这件事中他做对了什么。

累了一天的小陈终于回到家里，宝贝儿子一声“妈妈”令她既高兴又紧张，担心儿子缠着她去玩脑筋急转弯。可这次儿子没有缠着她，只是拉着她的手坐下，说：“妈妈你好累，今天就不玩脑筋急转弯了。妈妈，我知道你一定渴了，别着急，我去帮你倒杯水！”听完孩子的话，小陈的心里乐开了花。她当即对儿子说：“儿子，妈妈好高兴，因为你学会心疼人了。”

这样说，孩子从妈妈的话语中知道体贴别人是一种好的行为，这样的行为应该坚持下去。“体贴”一词会长久地停留在他的脑海里。

少儿心理辅导专家刘女士去朋友家串门，刚进门，就看到朋友在教训她的孩子小明。原来是因为小明的字写得太丑了，都已经是六年级的学生了，字写得还像虫子爬的一样，根本分辨不清。为了这个事，小明的妈妈没少操心，又是给小明报书法班又是买字帖回来让他练习，但效果都很一般，小明的字还是没有一点点长进。

刘女士听完小明妈妈的牢骚后，点了点头说：“我看看小明的字，到底写得如何。”小明的妈妈忙带着刘女士进了小明的卧室，拿出小明的作业来给刘女士看。

刘女士看了一会儿，说："小明的字写得挺不错的嘛！很有特点啊！有书法家的神韵在！"

"真的吗？"小明阴郁的脸上突然有了笑容。

"当然了，刘阿姨骗过小明吗？"

"没有！"

"所以嘛，你要相信刘阿姨，你的字写得很不错。只是写横竖的时候稍微有一点儿不直，在笔画组合的时候，稍微显得有点儿乱。只要把这些细节处理好了，小明的字会写得很好，以后说不定还会成为书法家呢！"

"妈妈，听到了吗？刘阿姨说我好好练习的话，以后都能成为书法家呢！"说着，小明骄傲地抬起了头。

看到突然有了精神的儿子，小明的妈妈和刘女士都忍俊不禁。

孩子练字也是一件需要解决具体问题的事情。换句话说，家长只是做单纯的口头鼓励，并不能起到特别明显的作用。这就要求家长们能够静下心来，仔细帮助孩子查找练不好字的难点所在。比如，小明就是不懂得间架结构的合理搭配，还有的孩子是某个笔画总不能写好。解决了这些关键问题，我们的赞美才能够真正奏效。否则，一味地说"你能练好"，然而孩子就是没有进步，那样也会慢慢伤害孩子的自尊心。

肯定孩子付出的努力

如果你的孩子为了一道数学题，冥思苦想了一上午才终于找到解答方法，但他在计算的时候，因为粗心大意，点错了小数点，导致整个结果是错误的，这时作为妈妈，你会怎么办？是去赞扬孩子不畏艰难，找到问题的解答方式？还是抱怨孩子不够细心，得到了错误的结果呢？

毫无疑问，大多数妈妈的第一反应一定是批评孩子算错，而不是去关注他们在计算的过程中所付出的努力。因为妈妈总是希望孩子是尽善尽美的。但有时孩子表现出的结果虽然不太令人满意，但在此期间付出的努力是真实且宝贵的。尽管努力不一定有好的结果，但是要想获得好的结果，缺少努力是万万不能的。

对于孩子的努力，妈妈应该学会尊重，并及时给予鼓励与赞美。因为妈妈的赞美对于孩子来说至关重要，它会让孩子变得更加自信，更加努力。如果孩子的努力没有得到父母的认可，他就容易变得灰心丧气，怀疑自己的能力，甚至自暴自弃。

依依在班上学习刻苦认真，虽然她的成绩不算优秀，但也属于进步快速的那一类。依依经常把课上没有听懂的知识记录在笔记本上，等到下课的时候再问老师。平时作业中出现难以理解的题目，也会记录下来，等到第二天寻求老师的帮助。为了让自己深入理解，每当听了老师的见解，她还要按照新的方法重新做一遍，因此学习成绩有了飞快地提高。

依依的老师为拥有这样一名勤奋努力的孩子而感到骄傲，还经常拿她当作全班学生的榜样。但是老师不知道，依依虽然表面上看起来乐观开朗，她内心却经常彷徨沮丧。为什么会这样呢？这是因为依依的妈妈经常忽视她的进步。每当依依认为这次考试比上次进步了不少，拿成绩单给妈妈看的时候，妈妈不但不会鼓励她，反而会说："你付出那么多的努力，却始终没有冲到班上前几名，有什么可高兴的？"依依听了心里很难过，认为自己付出再多努力也得不到妈妈的夸赞，这些努力都是白费。老师得知依依的情况后与她的妈妈做了简单的交流，将依依这段时间的成绩变化反馈给她妈妈，并建议依依的妈妈改变态度，珍惜孩子的努力，并给予赞美。依依的妈妈也意识到自己的做法不妥，于是向依依道歉，并肯定了依依的努力。

此后依依学习又有了巨大的动力，变得更加勤奋努力了。

其实，父母是孩子的精神支柱，是孩子最坚强的后盾。如果父母能够肯定与赞美孩子，就会给予孩子更强大的动力。一个人的力量是无穷无尽的，孩子也不例外。父母只有欣赏和赞美孩子的努力，才能将孩子最大的潜力激发出来。

结果并非是评价孩子的唯一标准，获得结果之前所付出的努力才至关重要。孩子在努力的过程中，需要去解决各种问题，排除各种干扰。遇到复杂的问题时，如果没有一个沉着冷静的心态，是无法坚持找到解决问题的最佳方法的。由此看来，良好的心态才是孩子制胜的法宝，而妈妈关注到这一点并给予赞美，会激励他向更好的结果迈进。

王琳是一位善于肯定孩子努力的妈妈，只要孩子芳芳全心全意地做一件事，不管结果怎样，她都会夸赞孩子。

一天，王琳和孩子说："芳芳，你可以帮妈妈一起浇花吗？我们一起看着花朵在我们共同的努力下成长。"

"好啊，好啊！"芳芳满心欢喜地答应了。

于是，王琳给了芳芳浇花的水桶，和芳芳一起开始浇花。但因为芳芳还小，浇花时水总是会洒到外面，但王琳没有因此而失去耐心，或者斥责芳芳让她小心点，而是一再地鼓励芳芳，说道："芳芳真棒，都能帮妈妈浇花了，相信花朵看到芳芳这么爱惜它们，给它们浇水后，也会努力认真地成长，开出漂亮的花朵。"

芳芳听到妈妈的话后，高兴地说道："它们真的会认真地成长，开出漂亮的花朵吗？"

妈妈点点头，说道："如果芳芳每天都这么细心照顾它们，给它们浇水的话，一定会开出漂亮的花朵。"

芳芳听后更是干劲十足，和妈妈保证，以后一定天天认真浇花，看着它们成长。

父母是孩子最亲近的人，特别是妈妈，更容易与孩子亲密无间。看到孩子对一件事情拼尽全力，更应该赞美孩子的刻苦努力，千万不要因为孩子成绩不好便说孩子不聪明。孩子有天赋却不努力，才更值得父母关注。

在孩子做一件事情的时候，妈妈一定要把关注点放对位置，要让孩子知道成功与失败并非对立，而是相对而言的，只要勇于付出努力，不断前进，失败与成功只是一步之遥。

每个孩子都希望得到父母的关注与赞美，希望讨得父母的欢心，而父母也要善于欣赏孩子，赞美孩子的勤奋与努力，并给予孩子肯定，这样孩子与父母的关系才会更加融洽，孩子也才会更加勇敢地去克服前进道路上的种种障碍。

选择适当的赞美语言

相信现在大多数的妈妈，都明白赞美孩子的重要性，却都不知道该如何去赞美，从何处去赞美。

一位母亲讲了这样一件事：

“我儿子从来都不主动做家务，非常懒惰，这让我很生气。在他十来岁的时候，我觉得应该锻炼他，让他帮着做一些家务活了。

一天晚上，在吃晚饭前，我告诉他，让他把碗和筷子都摆放到餐桌上。一般情况下，我让他这么做时，他都会磨磨蹭蹭，要催促他好几次。但这天我说了一次，他就把所有碗筷都摆放整齐了。我看到后，非常高兴，觉得这时候应该好好表扬他。为了让他听见，我故意大声地对丈夫说：‘你看到没有，今天李琛多勤快，这么快就把所有碗筷都摆放好了，而且摆得这么整齐。真能干啊！’我看到李琛当时并没有明显的反应。

吃完饭后，我要去哄小儿子睡觉，我告诉李琛，等半个小时后，也要进卧室睡觉。他回答道：‘好的。’半个小时后，我看到他果然进了卧室，我又称赞道：‘说半个小时，你就真的半个小时后就来睡觉了啊，真准时。’李琛挠挠头，不好意思地笑了。

第二天，晚饭做好前，李琛主动走进了厨房，对我说道：‘妈妈，我来拿碗筷。’我惊呆了，因为我并没有喊他进来帮忙，我称赞他：‘我都没有叫你，你就懂得来帮妈妈了，真的谢谢你。’从那之后，我注意到李琛每天都会有一点点细微的变化。而我都会因为这些细微的变化称赞他。

一天早上，我走进他的卧室准备整理床铺，看到他已经自己把被子叠放整齐；还有一天，我准备叫醒他吃饭，并给他拿出要穿的衣服，但看到他已经穿戴整齐了。看来，我挖掘他的优点时，他就能变得越来越好。”

另一位母亲这样描述：

“我以前都是通过物质的奖励来管理孩子，每当孩子不听话时，我就会对他说：‘你好好表现，如果你做得好，我就给你买……’当孩子听到这些话时，而且又是他想要的东西，就会立刻变得很乖，并期待着下一次的奖励。

但最近，我觉得不能再这样教育了，因为这会给孩子带来一种不好的影响，当他想要什么的时候，就会故意捣乱，以得到我物质上的承诺。所以，现在我通常都会说：‘孩子，如果你……这会对我有很大的帮助，你愿意帮妈妈吗？’这样说的时候，有时他会很排斥，因为没有了以前的物质奖励，但有时他会表现得很愿意。当他表示愿意并真的这样做了之后，我就会称赞他，并把他做的事情再详细地描述一遍给他听。

一个周末，我告诉他：‘今天爷爷奶奶要来咱们家，如果你可以让他们感到很高兴，愿意多陪爷爷奶奶说说话，那会对妈妈很有帮助。因为爷爷奶奶开心，爸爸妈妈也就会很开心。你愿意这么做吗？’他很肯定地点了点头。等爷爷奶奶来了以后，他真的表现得非常好，和爷爷奶奶一起看电视，陪着爷爷奶奶聊天，让老两口儿十分高兴。等爷爷奶奶走后，我称赞道：‘你今天的表现真棒，爷爷奶奶很开心，你不只陪着他们聊天，还给他们讲了笑话。而且你的笑话很好笑，妈妈听了都笑得前仰后合的。’

孩子听到后很高兴，立刻表现得神采飞扬，并说还有好多笑话呢，又开始给我讲一些新的笑话。

我这才发现，以前用物质奖励的方式，孩子可能会高兴一时，因为他得到了他想要的东西；而现在这样受到了肯定，他会一直感到开心，因为他为自己做的事情而感到自豪。”

实际上，每一个孩子都希望得到父母的赞美，但赞美也并非泛泛而谈，需要智慧。很多时候，孩子在最需要赞美的时候，恰恰是父母最不大会给他赞美的时候，也就是他做得不太好的时候。

要想掌握赞美孩子的智慧，妈妈在赞美孩子时，需要注意以下几个问题：

第一，赞美时符合年龄。

当妈妈很高兴地赞美孩子时，一定要符合孩子的年龄段，不能面对十几岁的孩子，还赞美他每天能够自己穿衣、自己刷牙，这会让孩子感觉是在讽刺他。这样的赞美就不会有任何效果。

第二，赞美孩子时，不能提及以前犯的错误。

赞美孩子就赞美他现在正在做的这件事情很棒即可，不要顺便把以前的错误或缺点捎带上。如“这首曲子弹得很棒，不像前几天那样总是弹错”“你这次考试居然考了90分，真没想到你能考这么好”，这种话虽然想表达对孩子的表扬和赞美，但是无形中说出了孩子的不足以及以前犯的错误，孩子不会因为这样的赞美而高兴。若是情商高的妈妈，一定会把赞美放在孩子现在的优点上，如“这首曲子开头的旋律非常棒，听着流畅动听”“你一定很努力地学习了，所以考了这么好的分数。妈妈真为你骄傲”。

第三，注意自己的热情程度。

很多时候，妈妈要是过度热情了，就会妨碍孩子为自己努力的愿望。因为在孩子眼中，妈妈对他的行为表现得过分热情和兴奋了，会变得很假而会给他带来压力。

第四，赞美要发自内心，表现出真诚。

很多妈妈赞美时都很心不在焉，或者看起来就有表演的成分。这样的赞美不会让孩子感到开心，只会让他们觉得你是在演戏给他看，会更伤他的心。如，孩子学会背诵一首新诗，想背给你听，但你却正在玩手机，于是随口说道："很好，很棒！"这时，孩子的兴趣就会大减，以后即使有让他高兴的事，也不会与你分享了。

可见，赞美孩子并非易事，也需要智慧。所以，妈妈一定要关注孩子每个细微的进步，对孩子的赞美需要恰到好处，特别是不能赞美错了，否则孩子就不会有是非标准。

发现孩子身上的“闪光点”

美国成功学大师拿破仑·希尔说：“每个孩子都有许多优点，父母却总是盯着孩子的缺点，认为只有管好孩子的缺点，才能让孩子更好地成长，其实这样做就像蹩脚的工匠，是不可能造出完美的瓷器的。”

每个孩子在有缺点的同时必然拥有优点，很多妈妈将关注点放到孩子的不良行为上，却忽视了孩子的闪光点。孩子的心灵是脆弱的，需要妈妈的呵护与关怀，而妈妈关怀孩子的最好方式则是对他的肯定和赞美。如果妈妈只盯着孩子的缺点不放，不但徒劳无功，还会伤害孩子幼小的心灵。反之，如果将注意力放到孩子的闪光点上，孩子便会从妈妈的夸赞中获得能量，在不知不觉中变得更优秀。

宇航是班上最让老师头疼的孩子，他每天不是推这个同学一下，就是碰那个同学一下；不是把花花的拼图抢走，就是把君君刚搭起来的积木碰倒。从早到晚老师听到的全是小朋友们针对宇航告状的声音。老师把各种方法都用了一遍，但还是无法教育好宇航，只好把这个爱惹事的孩子放在一边，对他不理不睬。

班上来了一个新同学萱萱。萱萱刚到一个陌生的环境，很不适应，总是哭鼻子。宇航见状，就走过去坐到萱萱的身边给她擦眼泪。如果萱萱哭得厉害，他就轻轻拍拍她安慰道：“别哭了萱萱。”一天，不知什么原因，

萱萱突然哭了起来，宇航赶快告诉老师："老师，萱萱又哭了，我去给她拿纸擦眼泪。"边说边给她擦，嘴里还说着："萱萱别哭啊，萱萱乖，我给你拿玩具，给你吃好吃的。"宇航不停地在萱萱旁边"说好话"，萱萱情绪似乎好了很多，后来破涕为笑，跟宇航玩了起来。

到了吃饭的时候，萱萱想妈妈了，又轻声哭了起来。宇航吃完碗里的饭后，看到萱萱一口没动，马上搬椅子过来坐到萱萱身边给她喂饭。虽然宇航年龄跟萱萱差不多，此时却像小哥哥一样呵护着她。尽管宇航在给萱萱喂饭时把米粒撒得到处都是，但老师看到这一幕时，还是被感动了。老师发现每个孩子身上都有闪光点，不能因为孩子的某个缺点就否定他的全部，而应该尽力看到孩子好的一面，将优点放大，这样孩子的缺点才能被缩小。

有的妈妈一张嘴就是对孩子百般挑剔，如果你再问她："孩子身上有什么缺点，有什么优点？"她会脱口而出，列举孩子身上的各种缺点。

妈妈对孩子严格要求固然没错，但也应该善于发现孩子身上的闪光点。每个孩子都有优点，例如一个调皮捣蛋的孩子也可以帮妈妈干活，一个爱搞恶作剧的孩子也会关心同学、帮助老师。所以，要改变看待孩子的标准，改变教育孩子的思路。

有些妈妈总是夸赞别人家的孩子多好，觉得自己家的孩子不听话，其实是因为妈妈教育孩子的思路错了。妈妈应该尽量找到孩子身上闪光的地方，放大他们的优点，对这些优点进行真心的赞美与赏识，让孩子知道自己身上有很多难能可贵的地方，并暗中指导，帮他们改掉不良行为，这样孩子的心理才会更积极健康，才会变得更出色。

晨晨一天到晚调皮捣蛋，一会儿拿着水枪去浇花，一会儿把一袋瓜子撒得到处都是，家里被他弄得乱七八糟，每天妈妈都收拾不过来。妈妈经常开玩笑说："人们说'七岁八岁狗都嫌'，我看晨晨还不到 4 岁就被嫌弃了。"有时候，妈妈看到晨晨把玩具摆得到处都是，就生气地说："我都告诉你多少次了，把你的东西都收拾到小箱子里再去玩别的，你怎么就不听话呢？"由于越说越生气，妈妈还会把晨晨所有缺点都搬出来数落一通，例如，坐不住、注意力不集中、没有耐心等。

每当这时，爸爸就听不下去了，赶忙出来做和事佬。爸爸说："晨晨，你一定知道自己哪里做得好，哪里做得不好，对不对？晨晨身上是有缺点，但是也有很多闪光点啊，昨天你还帮助妈妈收拾碗筷呢！"晨晨听了爸爸的话，心里很高兴，他问爸爸："爸爸，我身上还有什么优点呀？"爸爸说："那天陈阿姨带着妞妞来咱们家玩，晨晨主动把玩具车给她骑，还给她喝你最喜欢喝的酸奶呢。"妈妈接着说："没错，晨晨还很聪明，那天妈妈教你背的诗，你很快就记住了。妈妈下班进门的时候，你还帮妈妈拿拖鞋呢。"晨晨没想到，爸爸和妈妈会说出他这么多的优点，他都快不好意思了。

之后，晨晨果然变得听话了不少，他更乐意帮妈妈收拾碗筷，帮爸爸递报纸、拿拖鞋，看到谁把水放在桌子上，还主动跑过去端起来送到爸爸妈妈面前。爸爸妈妈看到晨晨发生了这么大的变化，感到十分欣慰。

有的妈妈说："我的孩子很不自信，不够阳光。"其实，不是你的孩子真的不自信，不积极向上，而是没有通过肯定孩子的闪光点激发孩子的自信，在抱怨和批评中，将孩子的自信心一点一点地摧毁了。

面对孩子的时候，妈妈应该极力去寻找他们的闪光点，只要能淘到一粒发光的金子，我们也要发自内心地去鼓励、去赞扬，这样才能指引孩子规范自己的行为。只要妈妈去挖掘孩子身上的闪光点，就不难找到他们值得表扬的方面。

在教育和引导孩子的时候，妈妈不能只看其中一个方面，而是要纵览全局，系统全面地去分析。

赞美是对孩子的最佳认可，是送给孩子的最好礼物。用心发现并肯定孩子身上的闪光点，孩子才能变得更加自信，更加优秀。

恰当的赞美才是最好的

赞美孩子，可以让孩子的行为和身心向着更好的方向发展。但是俗话说："水满则溢，月盈则亏。"赞美也要有一个度，也就是说，赞美孩子也要把握一定的度。如果赞美适度，效果是好的；赞美过度了，可能会起到反作用。

德国教育家卡尔·威特说："我们不能让孩子在受责备的环境中成长，但也不能让他整天泡在赞美里。"责备过多对孩子不好，但赞美过多，对孩子也不好。妈妈经常赞美孩子，就会让孩子不能正确认识自己，如果日后遭受批评，孩子就会觉得妈妈不再关心他，不再重视他，就会产生抵触和逆反心理。

过分赞美，还会给孩子带来困扰，让孩子觉得妈妈对自己的期望过高，孩子一旦没有达到妈妈赞美的程度，就会感受到巨大压力，陷入焦虑之中，严重者还会失去自信，紧张过度，导致行为失常。孩子在心中对自己也有一定的认识，妈妈对孩子适度赞美，孩子会认为是真的，一旦过度，孩子内心的"真我"就会显现出来，反而适得其反。

大宝吵着要转学，说再也不想去现在的学校了。妈妈好说歹说，大宝就是不干，还在沙发上大吵大闹，要不就躺在地上，嘴里还不停地说："我就是要转学，就是要转学！"妈妈不解地问："大宝，这个学校很好啊，你也很优秀，老师和同学都喜欢你，为什么不愿意在这里上呢？”大宝回答：“我这次考试成绩太差，我再也不优秀了，老师和同学再也不会喜欢我了。”妈妈觉得大宝经不起风浪，不就一次考试失利吗，至于这么小题大做吗？可又一筹莫展、无计可施，于是去寻求亲子教育专家的帮助。教育专家通过和大宝的交谈，找到了问题所在。原来大宝的妈妈太喜欢夸奖大宝了，大宝做作业，妈妈就会说大宝写得真好；大宝做手工，妈妈说做得真不错，比她做得都好；大宝帮妈妈干活儿，妈妈也会说大宝好勤劳啊；大宝考了好成绩，妈妈就会说大宝真聪明，以后一定能考上重点大学。

长此以往，大宝就对妈妈的赞美习以为常，也以为自己是最勤劳、最聪明、最受人喜欢的孩子，当他一次没有考出好成绩，心中的真我和妈妈口中他的形象形成巨大反差，就会有心理落差，认为自己不是聪明的孩子，于是就出现了各种不受妈妈控制的行为。

过度的赞美会显得不切实际，给孩子造成一种假象，不但不利于孩子正确认识自己，还会影响他对事情的判断。所以，赞美一定要适度，过度夸奖孩子的词语要少用，不然孩子对自己的认识和评价就会产生偏差，对其进步和成长会造成消极影响。

一个人生病了需要吃药或是打针，但药剂或针剂使用过量，就会对身体造成伤害。过度赞美如同给孩子的精神过度用药，药效过强，让孩子对药剂产生戒备心理，再次下咽就变得很难。只有用药适量，才能让孩子身心正常发展。

晓峰从小就喜欢画画，他画的画确实不错，因此常得到父母的夸奖。每当有客人到晓峰家做客，看了他的画也都会竖起大拇指称赞几句，这样一来，晓峰不免会心生骄傲。

妈妈为此感到担忧，她跟晓峰的爸爸说：“孩子画得确实不错，但是我们也要适度赞美孩子才行，不然他会看不到自己的缺点。”晓峰的爸爸很认同晓峰妈妈的意见。

一天，晓峰画了一幅新作品，拿给妈妈看，晓峰说：“大家都说我是绘画天才，妈妈你看，我这幅画是不是很棒。”妈妈回答说：“晓峰，你画得确实很不错，看来你在绘画方面下了不少功夫。”晓峰听到妈妈的话，立即把他的新作品贴到墙上，准备让所有来家里做客的人欣赏一番。晓峰接着问：“妈妈，我是不是很厉害？”妈妈说：“晓峰，虽然你画得不错，但还是有不足的地方，例如这个颜色有些深了，换浅一些的会更好。这棵小树显得很突兀，和周围景色不太和谐。你自己好好看看，是不是值得改进？”晓峰认真一看，发现妈妈说的问题确实存在，于是不好意思地对妈妈说：“妈妈，你说得没错，我还需要继续努力。”爸爸听到了，赶紧鼓励晓峰说：“一个人能力再高，也能找到比他更厉害的人，因此，发现了自己的不足之处，一定要努力改变，这样才能做得更好。”晓峰说：“爸爸妈妈，我知道了，我一定会努力，争取越画越好。”

其实孩子也有自己的判断能力，也能分辨赞美之词的真伪。如果别人真心对他提出指导意见，而不是一味夸赞，即使不那么顺耳，他们也乐意接受。过度赞美无法长久维护孩子的良好心态，只有把握好夸奖的度，用心引导，孩子的心态才能维持在正常的发展轨道上。

鼓励孩子，去勇敢地做自己

人和事物都是两面性的。孩子一方面会按照自己的心愿去探索世界，但孩子天生也有强烈的模仿能力，他们善于从大人那里学习，来了解身边的事物和这个世界的一切。随着年龄的渐长，孩子会把模仿的重要对象转向同龄人，同龄人喜欢什么，他就喜欢什么；同龄人有什么，他就想有什么。这时，妈妈就该注意了。

一个周末，从教堂做完礼拜回来的艾尔·弗雷德一家走在回家的路上。一阵动人的笑声就此让一家人停住了脚步。那阵笑声实在是太悦耳了，艾尔·弗雷德6岁的女儿情不自禁地转过头去，心里嘀咕：“这是谁呀，这么快乐？”

原来是七八个和小女儿年纪相仿的孩子正在街角玩耍。他们一起追逐嬉戏，时不时就会发出欢快的笑声。这是什么游戏啊，能让他们这么快乐？小女儿被热烈的氛围吸引了，她多么希望自己能和这群孩子一样嬉戏打闹啊！她一边走一边回头看着这群嬉戏的孩子，直到看不到这群孩子的影子为止。

回到家里，小女儿的心再也无法平静下来。她非常想和那些孩子一样玩耍，而不是在父亲的店里帮忙做事，回到家又帮母亲干家务。她按捺不住自己内心的疑问，问艾尔·弗雷德：“爸爸，为什么我们不能像别的孩子那样嬉戏玩耍呢？”面对女儿突如其来的问题，艾尔·弗雷德一点儿也不感到吃惊。因为，他早就猜到了女儿早晚有一天会问他这个问题。他既没有责备女儿也没有像其他父母那样哄自己的孩子，而是给女儿讲了一个道理。

艾尔·弗雷德说：“你也不小了，做事也应该有自己的主见了，不能因为别人在做什么，你也跟随，你需要遵从你的内心，问一问你自己是否真的喜欢做这件事。不要因为从众而随波逐流，要有自己的抉择。如果有必要，就去领导别人，但不要随大流。”

小女儿很聪明，她明白了父亲话语中的含义，顿时心中的不快被抛在了九霄云外，内心的委屈也烟消云散了。她明白，父亲之所以这样对待她，是为了她能有个与众不同的将来。从此，这种观念在她的心中生根发芽，并成为她的人生准则。

这个小女孩，就是英国政坛上鼎鼎大名的女首相撒切尔夫人。

人活着，不能只是随波逐流，因为大多数人做的事情不一定是对的！别人想什么，我们控制不了；别人做什么，我们也强求不了。唯一可以做的，就是尽心尽力做好自己的事，走自己的路，按自己的原则，好好生活。

站在生物学的角度看，我们每个人都是与众不同的，自己不像别人，别人也不会像自己，自己就是这么独一无二。所以每个人都是与众不同的。“望子成龙”心切的家长不要让孩子去步同龄人的后尘，也不要强迫孩子去模仿那些成功案例，而应鼓励自己的孩子充分利用大自然赋予自己的一切，去创造奇迹，走出一条具有自己特色的路。

此外，妈妈还要注意这个问题。现在成人的很多东西都渗入到孩子的心灵。环境是最能改变人的，现代社会，网络媒体都比较发达，各种各样的信息，包括很多不适合孩子的信息，把孩子们都给笼罩住了。我们的孩子会受到同龄孩子的影响，也会受到很多负面信息的左右。而孩子的甄别能力还比较弱，社会又相当复杂，要教孩子明辨是非。

同时，妈妈在教育孩子上也要避免犯从众的错误，看别人如何教育孩子，自己便一一效仿。看到别的家长给孩子报各种补习班，就也给自己的孩子报上；看到别人家的孩子学跳舞，心想自己的孩子也不能落后……一味地模仿，而根本不去考虑这种教育方法是否适合自己的孩子，孩子是否喜欢。这样到头来，不但消耗了大量的时间和精力，还无形中忽略了孩子本身具有的闪光点。这个世界虽然纷繁复杂，有上百种领域，上千种行业，上万条道路，一个人不必赢得全世界，只要找到属于自己的领域，然后坚持不懈地走下去就好。

第五章

不要溺爱孩子

溺爱会造成孩子恣意妄为

如今，由于生活条件越来越好，加之大多数家庭只有一个孩子，父母对孩子就更加宠爱，可以说是百依百顺。但是如果父母长期溺爱孩子，孩子很容易迷失自我，变得恣意妄为，不服管教。

孩子各种恣意妄为的行为，多半是由父母造成的。有些父母对孩子娇生惯养，凡事都顺着孩子，他们觉得只要孩子高兴，就遂他们的心愿，反正现在孩子还小，说什么道理他们也不理解，等以后长大成人自然会明白。

可是，父母越是这样对待孩子，孩子反而会以极为恶劣的方式回报父母。如果某件事情没有满足他们的心愿，孩子就会毫无顾忌地大哭大叫，甚至满地打滚。当妈妈看到孩子哭得小脸通红，上气不接下气时，便于心不忍，于是安慰孩子道："好了好了，妈妈听你的。"只要孩子有一次得逞，认为哭闹是奏效的，在之后的日子里，他们为达到自己的目的，便会让这种方法发挥出巨大作用，于是他们恣意妄为的行为不但没有改掉，反而愈演愈烈。

青青4岁半，天真活泼，却也极为任性，想做什么就做什么，完全不听父母的话，这让父母头疼不已。

一天，青青想出去玩，但外边正下着雨，父母不同意，青青就又哭又闹，妈妈担心她哭坏了身体，打着雨伞穿着雨衣把她带了出去。青青尝到了哭闹的甜头，之后更是为所欲为。

还有一次，青青跟妈妈到超市买东西，妈妈临出门的时候告诉她说：“一会儿家里要来客人，我们到超市买些蔬菜水果就回来，不能玩太长时间。”青青刚开始答应了，可是一到超市看到柜台上摆着的玩具，就过去摆弄，早把妈妈的话抛到一边了。妈妈陪她玩了一会儿，一看时间快到了，赶快劝说：“青青，我们先去买菜，等下午有时间了妈妈再带你来看玩具，好吗？”青青很生气，小脸一下拉下来了，说道：“不要，不要，我就要在这里看这些洋娃娃。”妈妈再次劝说还是不管用，就想将青青拉走。青青被激怒，她先是大哭，一边哭一边打妈妈，嘴里还喊着：“妈妈坏，不喜欢妈妈，妈妈走开！”见妈妈要抱起她，她更加恣意妄为，居然躺在地上打起滚儿来。

没一会儿，旁边就围了好多人，他们都劝说：“孩子赶快起来吧！地上凉。”可不管别人怎么说，青青就是不理睬。这时，人群中有人议论道：“哎呀，这孩子怎么能这样，太任性了，她妈妈都管不了她。”青青的妈妈听到后，觉得很尴尬。

当妈妈对孩子的任性感到头疼不已的时候，很可能不是想寻找一种方式去改变孩子，而是不断压抑自己的情绪，并安慰自己道：“没关系，现在孩子还小。”恣意妄为是什么呢？那是一种偏执，不管自己做的事情是对是错，都要倔强地往前走，不听别人劝告，也不受任何人约束，是一种缺乏自制力的表现，这样的人一旦走入社会，会栽跟头，吃大亏。

因此，当孩子任性的时候，妈妈一定要及时给予关注，千万不可因一时忍耐而酿成终身大错。妈妈可以尝试用以下方式教育孩子。

第一，当遇到孩子不服管教的时候，一定要意识到事情的严重性。如果管教及时并得当，可以确保接下来事情的顺利进行；如果任凭孩子恣意妄为，不但会影响孩子的心情，也会导致所有人情绪低落。尽管孩子是家中的宝贝，妈妈也要及时告诫他这么做是错误的，并狠下心来让他们接受应有的惩罚。

第二，当孩子因为某种愿望没有达成，大发脾气、哭闹不止时，妈妈先不要着急去安慰他，也不要表现出自己的不忍心，让他觉得有商量的余地。妈妈首先要做的事情是保持沉默，以冷漠的态度对待他，也可以暂时回避他，让孩子知道哭闹是丝毫没有用的。

第三，孩子的胡闹往往是为了得到一种满足感。聪明的妈妈应该做的是合理满足孩子的需求。当然，要想合理满足孩子的要求，先要弄清楚孩子的要求是不是合理，再视情况行事。例如孩子一天没有见到妈妈，想和妈妈拥抱一下，让妈妈给他讲个故事，这种要求是合理的。如果等孩子发脾气、又哭又闹的时候，妈妈才答应他的要求，这样做于事无补，反而助长他们的任性。满足孩子的要求要讲究条件，对其不合理的要求一定要坚持原则，绝对不能妥协。

第四，当孩子哭闹任性时，也可以借助周围事物转移他的注意力。例如，让他看一件有意思的玩具，或是故意对电视节目装作惊讶吸引孩子的注意力，当孩子的关注点转移到其他地方，自然会忘记刚才发生的事情。当然这种方式适用于年龄小的孩子，年龄大的则不容易被吸引。

任何行为的改变都需要有一个过程，妈妈切莫着急，只要细心引导并给予合理教育，孩子就会逐渐改掉恣意妄为的行为。

有了自己的天空，孩子才能独立飞翔

俗语说："儿孙自有儿孙福，莫为儿孙作远虑。"但是几千年过去了，中国家长还是没有学会适度放手，给孩子一些自己的空间，让他们做自己的选择，孩子的事情家长总是亲力亲为代劳。很多家长打着保护孩子的幌子，替孩子作决定，当孩子表达出自己的想法就会被家长抹杀，孩子就是在这么长久的束缚下变成了一个唯唯诺诺、畏首畏尾的人了。如果家长长期庇护孩子，那么等到他长大独立的那天，他有庇护自己的能力吗？这无形中阻碍了孩子的成长。没有谁能陪谁一辈子，当家长年迈的那天，自己的孩子是否有足够的能力来应对一个人的生活？

一位母亲在给远方打拼的儿子的信中这样写道："你即将要成长，而母亲却要退到你的身后。"这位母亲深知最好的爱是放手的道理，不放开双手，孩子怎么能靠自己的能力闯出一片天地？有一种爱叫聚合，也有一种爱叫分离，这两种都代表了家长对孩子的疼爱。家长最好的爱，就是培养孩子的独立精神，将孩子变成一个独立的人，这样做的目的就是希望孩子将人生掌握在自己的手里，用独立的人格面对世界的挑战。

因为父母工作忙的缘故，小宏从小的时候开始，就和乡下的爷爷奶奶生活在一起。等到他9岁的时候，父母才把他接到了城里。

父母看到和自己已经有些生疏的小宏感到万分愧疚。于是，怀着对小宏的愧疚，对孩子万分溺爱。短短几年时光，小宏从刚来时乖巧听话的好孩子变成了现在无法无天的小霸王，心情不好的时候就喜欢摔东西、发脾气。

父母明白，小宏这样不好。可是想想这些年对孩子的亏欠，父母就都忍了。在父母这般溺爱成长下的小宏，后来变本加厉，好逸恶劳不说，还常常逃学，再后来就索性不去上学了。

父母看着小宏变成了这样，感到痛心疾首。为了哄小宏重新回学校读书，他们答应了小宏的要求，买笔记本电脑、手机，但是倘若父母稍有不顺自己的意，小宏就会挖苦父母："你们真抠门！"父母只好任由小宏这么闹下去。

孩子在家长看来永远都是长不大的孩子，之所以现在的家长不肯给孩子一些自己做事情的机会，首先是怕麻烦，缺乏对孩子做事的信心，还不如替孩子做了简单；其次，家长从主观上认为孩子不具备单独做事的能力，只图自己省心，却忘记了对孩子能力的培养。其实家长不能总按照自己的意愿去让孩子发展，孩子早晚都有长大走向社会的那天，如果一直庇护着孩子，他将来在社会上拿什么立足？该放手时就放手，给孩子一些自由生长的空间，让孩子尝试着独立完成一些事情，这才是生命赋予最好的意义，这样的教育方式才是真真正正地对孩子负责。当然，在"放手"的初期，也需要给孩子一个逐渐适应的机会，完全放手不管无异于让孩子成为断了线的风筝。

在教育孩子的同时，家长还需要注意调节孩子的心理压力。家长的期望值过高也会无形中成为孩子的压力。做家长的，其实只要脚踏实地，陪着孩子学习，观察他的长处，给他足够的鼓励和支持，让他在宽松的环境中成长，那就是最大的关怀和爱护了。如果家长总是拿自己的期望来要求孩子，就会弄得双方都没有喘息的空间。家长在教育孩子时可以有计划地放手，并给予适当的扶持，让孩子一步一步慢慢来。

想要让自己的孩子在人生的舞台上有所作为，就一定要学会放手！孩子对天空充满无限的向往，渴望有一双翅膀去飞翔，家长应该给孩子插上一双梦想的翅膀，而不是代替孩子的翅膀，放手让孩子自由翱翔于梦想的天空吧，那样即使将来孩子远离身边，你也不用担心，因为孩子会坚强面对和习惯与家人分离的学习生活。不要等孩子在离开之前，当孩子眼中的泪水表露了自己的弱小和无助的时候，家长才明白自己的教育是不对的，那时候为时已晚。孩子都有自己的特长和想法，家长太多的干涉会让孩子失去方向。对孩子的认可与肯定，是家长对自己孩子放手的前提。很多家长因为溺爱孩子，做什么事情都怕孩子受伤，所以处处替孩子包办，无形之中等于剥夺了孩子自主学习的机会，使孩子缺乏独立精神，长此以往就变得懦弱不堪，这样的人走向社会后何以立足呢？家长都是为孩子着想，怕孩子受到伤害，或者出现什么自己应付不了的状况，因此很多家长都替孩子做决定，所有事情都代孩子去处理，家长这样做看似杜绝了危险，减少了问题，而其实是夺走了孩子自由成长的权利，最后“造就”了孩子的无能，家长应该给孩子自由的成长空间。

孩子将来的能力，是在自己动手的过程中逐渐形成的，孩子的自信，也是在自己做事情时培养出来的；父母放手才会慢慢地将孩子的独立意识养成。孩子对自我的认识和动手能力都是从实践过程中获得的，这些能力都是孩子将来立足于社会的基础，而这些都是在家长充分给予孩子自由成长空间的情况下才可以。当然，家长怕孩子有事情、惹麻烦的心情是可以理解的，只要在孩子自己安全的前提之下，家长就应该给孩子发展空间。

溺爱使孩子丧失独立的精神

爱子心切，人之常情，但这种爱需要正确的方式方法。如今，有许多家长什么家务都不让孩子做，只要孩子用功读书，所谓“两耳不闻窗外事，一心只读圣贤书”，结果导致孩子产生极强的依赖感，自理能力极度匮乏。有的孩子十七八岁了还不会洗衣服、不会打扫卫生、不会做饭，甚至连香葱、韭菜都分不清楚。

试想，如此缺乏自立、自理能力的孩子，将来又怎能独自立足于社会呢？又如何去独当一面成为领袖人物呢？千万别忘了培养孩子最基本的生活能力，让他们能自食其力，因为爱不能代替孩子精神的独立。

艾森豪威尔的父亲从来不溺爱孩子，父亲从孩子小的时候就注意培养他们做家务的能力，谁都不例外。严格的家规树立了孩子们良好的人生观和好的生活习惯。孩子们生活很规律，早晨6点准时起床，晚上9点准时睡觉。父母还创造出很多让孩子们劳动的机会。艾森豪威尔家旁边闲着一块地，每逢春季来临，父母就带着他们在那块空地上播撒菜籽。等到秋季的时候，艾森豪威尔兄弟几个就把收获的菜运到城里贩卖，赚了的钱就购买衣物和学习用具。

一年，艾森豪威尔的弟弟染上了猩红热，家里的事就更多了。妈妈将家里做饭的重任就交给了艾森豪威尔。艾森豪威尔在此之前根本就没接触过厨艺，但是，他认为只要自己努力就能把饭做好。开始，在妈妈的指导下，他每天勉强能把饭做熟。但经过长期的不懈努力钻研，艾森豪威尔厨艺大增，全家人都很喜欢他做的菜。

中学时，艾森豪威尔有一次和同学去郊游，他就负责给大家做饭吃。他做的土豆、馅饼和牛排深受大家好评。

我们很难将艾森豪威尔的硬汉形象和那些“婆婆妈妈”的琐碎事情联系起来，正所谓穷人的孩子早当家，父母对他年幼时培养的好习惯，真的让他受益终身。可以说，艾森豪威尔所经受的教育尤其值得中国大多数独生子女家庭借鉴。安逸的生活造就不了杰出的人物，早些培养孩子的独立精神，就是在激发他们成功的潜质。

家长需要清楚，过度溺爱是孩子成长过程中最温柔的陷阱。若孩子的各方面能力一直得不到锻炼，他就失去了自立的可能。总之，对孩子的爱要恰当，要把握好尺度，既要有博大无私的爱，更要有理智和冷静的爱。家长理智地爱孩子，培养孩子健康的人格和独立性，将使孩子受益终身。

溺爱孩子的结果只能是让孩子丧失独立精神。若真的为孩子好，就不要对孩子继续娇惯下去了，理性地爱孩子，引导他们锻炼自己的独立能力。“淌自己的汗，吃自己的饭，自己的事业自己干，靠天、靠人、靠祖宗，不算是好汉。”这句话道出了为人处世的真理，也是那些娇惯孩子的家长应好好领悟的。

不是孩子的每个愿望，都需要帮他实现

有个教育专家说："不是孩子的每一个愿望和要求都需要得到满足。"一味满足的爱子方式是错误的。父母们应当提醒孩子不要光考虑自己，也应该考虑一下家庭的其他成员。这看似简单的道理却常常被各位家长忽视。孩子的欲望就像个无底洞，你满足了他这一愿望，孩子马上就产生了下一个愿望。这样无度纵容孩子的做法，深深毒害了孩子的思想。久而久之，孩子会养成目中无人、自私的坏习惯，而且，当他们的愿望无法满足时，他们还可能因此变得意志消沉。

另外，当父母的也要以身作则，厉行勤俭，也是"训俭"的一个好办法。

在撒切尔夫人童年的记忆中，父亲罗伯茨是个不舍得花钱的"小气鬼"。有一次，11岁的撒切尔夫人买自行车的愿望被父亲拒绝了，父亲并不是拿不出买自行车的钱，但他认为女儿在这个年纪还没到以自行车代步的时候，不该花的钱，父亲是一分也不会花的。

罗伯茨经常对孩子讲自己当年勤俭节约的事例，他说自己第一份工资只有14个先令，其中12个交房租，剩下的2个，一个存起来，一个做生活消费之用。

罗伯茨虽然对家庭成员很"抠门"，但他对别人却很大方，他常常会

给穷人一些东西。他对女儿说："想想是否能给别人最实际的帮助。但不是像某些人那样，认为去广场代替穷人抗议一下就是帮穷人。重要的是你能用这些身外之物做些什么有意义的事。"这些教育，使撒切尔夫人形成了节俭的好习惯。

节俭是一种美德，家长们都应当理直气壮地教育孩子节俭，让孩子懂得不是要买什么就能买什么，衣、食、住、行等各方面都不能奢侈，只有这样，才是在为孩子做长远打算。孩子的物质要求不能都满足，教导孩子拒绝虚荣心，因为不管怎样都没有最好，只有更好，这样比是比不完的。

在日常生活中，家长对孩子的不合理要求不能满足。不要迁就孩子过分的要求，即便对孩子正当的要求，也要视家庭情况而定，不见得所有要求都要满足。但是，如何才能做到不对孩子迁就？孩子的心灵是很脆弱的，轻易甚至粗暴拒绝孩子的方式，会对孩子的心灵造成伤害。所以你一定要想好拒绝的方式方法，让孩子能理解自己，让孩子感到家长不是通过干涉自己的自由来管自己，而是自己的要求过分，或者家里的确有困难。让孩子从小就明白克制欲望的道理，培养孩子的抗挫折能力，这对他们日后的成长深有益处。

让孩子尽早独立

在动物界里，狐狸育子的方法是值得学习的。一群小狐狸稍稍长大后，狐狸妈妈便逼着自己的孩子离开家，对那些想要回家的小狐狸又咬又赶，就是不让小狐狸进家门，最后小狐狸们只好依依不舍地开始自己的独立生活。

这种方法看似残酷无情，却是最理智的教育方式。作为妈妈，也应该像狐狸妈妈对待孩子那样，当孩子到了自己独闯世界的时候，就应该把孩子推出家门，让孩子独立生活，因为这将会让孩子一生受益匪浅。

杰奎琳的两任丈夫分别是美国总统肯尼迪和世界船王奥纳西斯。尽管杰奎琳名扬天下，家财万贯，但她在教育自己的孩子上从不心软，因为她不能容忍儿子约翰日后成为一个无所事事的花花公子。约翰自幼就是一个内向且依赖感很强的孩子，为了把约翰培养成一个独立的人，杰奎琳把儿子送到很多可以培养独立性的地方让他接受训练。

杰奎琳在约翰 11 岁那年将他送到了英国一个岛屿上的“勇敢者营地”去接受训练。在那里，小约翰学会了爬山，还学会了驾驶独木舟和帆船，这些都锻炼了他刚毅果断的独立性格。

在约翰 13 岁那年，已经开始在美国东北部一个孤岛上独自生活，这幕后的推手又是杰奎琳。这种技能训练非常辛苦，在为期 20 天的训练中，没有食物，只有一加仑水、两盒火柴和一本在野外如何谋生的书。训练过后，约翰的自立能力又进一步得到加强。在约翰15岁的时候，杰奎琳再送他到肯尼亚的荒野里自求生存。

当约翰放暑假时，杰奎琳又送他参加为期70天的户外培训。后来，又送约翰参加和平队赴马尼拉从事地震救灾的工作，以此来进一步强化约翰独当一面的能力。

在母亲杰奎琳的"狠心"教育下，约翰成长为一个理智节制、积极向上、自信潇洒而又圆通练达的青年。约翰在大学毕业后先在印度工作了一段时间，3年后，他被纽约大学法律系录取，毕业后被曼哈顿检查系统录用，成为一名检察官。1995年9月，约翰成为《乔治》杂志的创始人。

为孩子塑造良好的行为习惯，这是妈妈给孩子最好的人生财富。自古娇儿难成才，"狠心"的妈妈才是真正爱孩子的妈妈。

晓泉小的时候在父母身边一直过着衣来伸手、饭来张口的生活。他曾经想帮父母做家务，刚一拿起抹布，妈妈便责令他赶快放下，别把衣服弄脏了。他想要洗自己的衣服，手还没伸进盆里，妈妈就大喊一声："不要动，别给我找事，你洗不干净。"后来，晓泉衣服脏了，就脱下来扔到盆里，等妈妈洗干净了再穿上。不仅如此，对于其他家务，他也两手一甩什么都不做，就一直享受着妈妈全方位的照顾。等到他上高中，离开从小生活的城市一个人到外地求学的时候，由于身边没有亲朋好友的陪伴，自己又什么事情都不会做，开始感到彷徨无助。

班上的同学穿脏了衣服都自己洗，而他因为从来没有干过家务，也不会洗衣服，就把从家里带来的所有干净衣服全都穿过一遍，实在没得穿了，就把脏衣服打包寄回家，让妈妈给他洗，洗干净晾干之后，再让父母送到或寄到学校。每次妈妈接到一大包快递的时候，周围邻居总是问她："你这是买的什么呀，这么大一包？"妈妈叹了口气说："都是孩子从外地寄来的衣服，给他洗的。"妈妈有时候在家里还跟爸爸抱怨："孩子都这么大了，怎么这点事情都做不好，太没有独立性了。"爸爸回道："还不都是你惯的。"

晓泉除了在生活上缺乏独立性外，在学习上也是如此。他上课很少举手发言，也不擅长独立分析和思考问题，每次老师点他名字回答问题时，他总显得不知所措，在家长会上，老师点名批评晓泉独立自主性太差。

美国教育家罗伯特博士曾提出：现代教育有十大目标，其中最重要的便是独立性。孩子缺乏独立自主性，是父母没有及时引导和教育。父母在所有事情上提供帮助，让孩子的这种能力渐渐退化，使得他们一旦离开父母，将很难适应一个人的生活。如果孩子从小就在妈妈的引导下，学会做些力所能及的事情，长大后在外地求学的那些日子里，会过得轻松一些。

独立自主能力十分重要，一个孩子在长大后要想做出一番成就，必须要有独立思考、独立选择、独立辨析的能力，并能自主地解决问题，而所有这一切，都建立在有独立自主能力的基础上。也只有具备了这种能力，才能适应学习和生活中的各种挑战，跟上时代前进的步伐。

给孩子独立的机会，他才能自由翱翔

与人类一样，动物也爱孩子，但动物父母们知道，它们不可能照顾孩子一辈子。如果孩子不能及早地独立，总是依偎在父母的怀里，那么，当不得不独立面对这个世界时，它将无所适从，甚至丧失生命。

对于我们人来说，也是如此。任何人只有具备独立自主思考的能力，才能在这个社会中占据一席之地。因此，父母切莫忽视了培养孩子独立自主的能力。罗伯特是美国著名教育专家，他曾提出现代孩子教育的十大目标，第一条就是独立。他指出一个孩子想要在未来人生中获得成功，首先要具备独立思考、选择、判断、解决问题的能力，否则很难适应现代社会的需要。

其实，孩子都有独立意识，独立意识会随着年龄的增长而变强，表现在言语、思想和行为等各个方面，而社会实践正是培养孩子独立能力的重要渠道。一般情况下，孩子在 2 岁以后，随着生理、心理机能不断加强，在父母的引导下慢慢学会了自己吃饭、穿衣服、收拾玩具等能力，慢慢也就养成了独立意识。

但是，如果父母对孩子引导不当，忽视了给孩子独立锻炼的机会，孩子的独立意识就会停滞不前，那离他们真正独立也就遥遥无期了。

在加拿大的山区，沿着盘山公路竖立着很多牌子，上面写着这样一句话“A fed bear is a dead bear”，意思是被喂饱的熊是死熊。为什么在山路上会有这样的标示牌？为什么熊被喂饱了就是死熊了呢？原来过去有很多人开车路过此地，在路边看到熊时，往往又惊又喜，于是从车里扔食物给熊吃，这些熊尝到了“不劳而获”的甜头后，就老在路边等食物，慢慢地，它们就失去了觅食的本领。到了冬天，大雪封山，很少有人再去喂它们食物时，它们就被活活地饿死了。

后来，加拿大政府在路边竖了很多提醒牌，告诉路人，不要随便丢掷食品喂熊，把熊喂饱了，实际上就是把熊喂死了。

这件事情不由得让人们联想到现在的家庭教育。很多妈妈容易犯“爱”的错误，对孩子过分爱护，过分关心，为孩子付出一切，这种行为不正是让孩子变成被喂饱的熊而失去生活能力吗？

现代心理学、教育学、社会学的大量研究调查表明，很多妈妈对孩子的“过度保护”行为压制了孩子的自由发展，扼杀了孩子的创造力和想象力，磨灭了孩子自主精神的培养，最终阻碍了孩子健康人格的形成，这些孩子往往“在家像条龙，在外像条虫”。依赖性强，自私自利，缺乏独立生活的能力，做事被动、消极、胆怯，社会责任感弱，情绪波动大，易走极端等，根本不具备独立思考、解决问题的能力，无法正常地适应社会。而一个独立的孩子，往往自信、勇敢、积极向上、行事理智果断，社会责任感强，敢于直面挑战，能够主宰自己的命运。

事实上，妈妈过分呵护孩子，是在无形中给他们的成长设置障碍，阻碍了孩子发展自己独立能力的机会，最后反倒是害了孩子。在这个科技日益发达、物质水平日渐高涨的时代，没有独立意识和独立能力的孩子，试问怎么可能成为日后的栋梁之材呢？现如今社会物质条件优越，妈妈在给孩子创造良好物质条件的同时，也要注意给孩子创造独立自主的机会去锻炼，培养孩子独立的能力。千万不要把孩子这艘“小船”牢牢地拴在避风港，一旦他们驶离港湾遭遇到大风大浪，势必会被“打翻”。尽管孩子在年龄上成熟了，可是他的行为能力却仍旧停留在孩提阶段。

儿童只有真正具备了独立意识等品质才能真正走向成熟，走向社会。况且如果你永远把孩子当成小孩看，那么，他们何时才能真正长大呢？那么，如何培养孩子的独立意识，让孩子学会自己的事情自已做，逐渐走向成熟呢？

妈妈的教育方式和心态决定了孩子的未来发展。妈妈过分溺爱孩子就是害孩子的表现，在针对培养孩子独立意识这一问题上，妈妈对孩子的爱应该变得更理性一些。

事实上，孩子只有在逆境中不断地磨炼，才能学会独立、坚强。当然，他们也需要爱，妈妈的爱会陪伴他们健康地成长。现代孩子多半不是缺乏爱，而是“爱过剩”。所以，妈妈必须学会控制自己的情感，把爱收回去一部分，鼓励孩子去尝试、去实践，体验真正的生活。妈妈要尊重孩子的权利，相信孩子的能力，给孩子创造更多锻炼的机会，让他们适当地吃苦受累，遭受一些挫折，完成人生的必修课。

妈妈理智地爱孩子主要表现在以下三个方面：

第一，妈妈要给孩子独立自主和承担后果的机会，让孩子在实践中认识到什么是责任感，借此锻炼孩子独立思考和探究的能力。

一天，妈妈正在整理阁楼上的书，打算把它们都搬到楼下去，热心的儿子主动要求加入，兴高采烈地加入了搬书队伍，帮妈妈把一些书从阁楼搬到楼下。儿子觉得这真是一件了不起的事。他用尽全力抱住书本，缓慢地下着台阶。

在这堆书里，有几本又厚又重的教科书。对于儿子来说，想要把它们搬下楼，并不容易。只见他抱着这几本书小心翼翼地踏着楼梯往下走，可是它们一连几次都不争气地从儿子的手中滑落。最后，儿子气急败坏地坐在楼梯上，他感觉自己太没用了，笨手笨脚的，根本无法捧着这些书下楼，当想到自己不能帮妈妈时，他伤心地大哭起来。

此时，阁楼上的妈妈听到哭声，赶忙过来拾起散落在楼梯上的书，将它们放到儿子的怀中，然后从中拿出几本书，和孩子一起抱到楼下去。就这样，母子俩来来回回了很多趟，有说有笑把搬书的任务完成了。

事实上，儿子帮的忙有限，反而还碍手碍脚，影响工作的进度。不过，小男孩有一位耐心、智慧的妈妈。她明白让孩子参与进来，远比搬书的效率重要得多。

让孩子参与进来，帮着父母一起做事，可以增进亲子关系，增强孩子的责任感和自信心，因为帮了父母的忙，孩子会觉得自己是有价值的人。

在我们周围，常常听到妈妈抱怨孩子没有责任感，不懂得体谅父母，不考虑父母的需求。实际上，责任感与价值感是联系在一起的。一个人只有看到自己的能力，才会感受到别人对自己的尊重和喜欢，从而激发他的责任感和荣誉感。

因此，孩子每一个好的表现都应该得到妈妈的鼓励和赏识，作为妈妈，千万不能武断地制止孩子的好行为。即使孩子做得不好，也不要批评教训，要知道孩子的出发点是好的，妈妈要帮助孩子进行改善，共同进步。

第二，妈妈要给孩子提供一些“吃苦锻炼”的机会。

孩子良好素质的形成和良好品格的培养是一个漫长复杂的过程，它要求家庭、学校和社会三方面的通力合作。孩子的成长，除了正面的教育之外，还需要适当的负面刺激，负面刺激指的是一些令人产生不愉快或不舒服的刺激，也就是我们通俗意义上说的“吃苦受罪”。

孩子的心智不成熟，经验也不足。假如妈妈处处为孩子安排好，处处维护孩子，他就不可能了解真实的世界，将来一旦脱离父母，很可能碰大钉子。现在独生子女往往生活条件优越，娇生惯养，一旦遭遇挫折、困难，往往不知所措。如果做父母的能“学会放手”，给孩子鼓励和支持，让他们自己想办法去解决问题，战胜困难，这样做不仅能增强孩子的生活能力，还能培养他们迎难而上的勇气和意志。

很多现在的孩子是“身在福中不知福”，他们不知道幸福来之不易，不懂得珍惜时间、善待他人。那么，为了让孩子有正确的幸福观，我们可以让他们适当地“受苦”。比如，做一些力所能及的家务活，参加一些社会公益劳动，这样他们在劳动中既能体验他人工作的辛苦，又能增加生活智慧，提高身体素质，还能培养吃苦耐劳的精神，从而学会尊重他人，珍惜幸福。

除此之外，现在大部分孩子在家庭中都处于“众星捧月”的地位，往往自私傲慢、专横无理。偶尔受到他人的批评，便会大发脾气、撒泼胡闹。对付这样的情况，妈妈们不要“害怕”孩子的坏脾气，要及时对其进行批评教育，直接指出其缺点和不足，予以适当的约束。尽管有的孩子在接受批评时非常难受，像遭受了大磨难，但妈妈的适时提醒是克服他们“坏脾气”的良药。

第三，妈妈要有意识地扩大孩子的生活范围，让孩子独立观察周围的事物。

有些妈妈总是担心孩子的安全，对孩子的活动范围加以严格的限制，结果压抑了孩子的积极主动性，致使孩子养成一切依赖父母的坏习惯。这样的孩子往往自理能力差，在遇到新环境、新情况时不知所措。

所以，有时没必要给孩子开“绿灯”，应该引导孩子多多参加户外和团体活动，这样不仅有助于他们开阔视野、增长知识，还能培养他们的独立能力。同时，对于孩子的求知欲、好奇心、钻研精神和独立能力的培养也大有益处。例如，让孩子多与大自然接触，让孩子留心生命的不同景象及其变化，启发孩子多问几个“为什么”，与孩子一同找寻答案。父母一定要给孩子提供独立活动的机会，任孩子自由地跑、自由地玩、自主地观察周围的人、事、物，从而激发孩子的创造力和想象力，让孩子在前进的道路上自由奔跑，长大成为一个独立的人。

第六章

化解孩子的负面情绪

引导孩子冷静处事

小承最近很苦恼，因为他没有朋友，与周围同学的关系也不融洽，感到很孤独。小承的缺点就是一遇到事情就容易急躁，在与别人交流的过程中，稍不合自己的心意就表现得不耐烦。在学习、生活中，很多同学、同伴都不喜欢和他相处。

小承小时候就属于急性子那一类的，做事任性，他想要什么恨不得马上得到，如果不能如愿就哭闹。在小学时，小承学习比较好，有些同学向他请教问题，一开始他很乐意给别人讲解，然而当他讲完一遍同学还不明白时，就没有耐心了，就会烦躁地说："怎么还不懂呢？不就是这样的吗？"后来，同学都不向他请教了。在和其他同学讨论问题的时候，别人的思维稍微慢一拍，他就说："不说了，急死我了，你们看着办吧！"

在日常生活中，小承做事也常常丢三落四，显得异常匆忙。上学或放学的路上，他也总是行色匆匆，有好多次都忘记锁车。时间久了，大家都知道了他的急脾气，慢慢地疏远了他。虽然他有些时候能够表现出热心待人，但大家还是对他避而远之。

急躁是孩子常出现的情绪反应之一。一般性格急躁的孩子会有以下表现：做什么事情都想急于求成，没什么计划，当遇到困难时格外烦躁；在等待未知的消息时，总会显得坐立不安；和他人发生矛盾，特别容易冲动。在学业上的表现是急功近利，经过一段时间后看成绩没有起色，就放弃了。

小化的脾气特别急。有一次，妈妈让他去买酱油，话还没听完，他就嚷嚷“知道了，知道了”，跑了出去。可他走了一半才想起来自己忘带钱了，于是只好回家。回家拿了钱出来，在半路上又想不起妈妈到底让他买哪个牌子的酱油，只好又返回家去问妈妈。小化的急躁不仅表现在生活方面，在学习上也同样如此，平日不肯用功，做题时粗心大意，但总不能达到预期的效果。爸妈都替他着急，这孩子什么时候能变得从容一点儿?

人们产生急躁的情绪，与对问题的认识有关。如果急躁情绪支配了一个人做事的态度，那么这个人想要取得成功是很困难的，久而久之，自信心会因此消耗殆尽。

一般而言，孩子有急躁情绪，既有自身的原因，也有受环境影响的原因。

有的孩子急躁，是由本身气质类型决定的。那些充满着必胜的信念和进取心的人往往是胆汁质类型的，容易急躁。他们学习或工作比较勤奋，自觉性强，总是觉得时间非常紧迫，从而表现得急躁。

孩子缺乏克服困难与挫折的能力也会表现出急躁的情绪。有些孩子当遇到困难或挫折，例如，由于知识的欠缺或是其他原因，学习不得要领而导致失败，他们的兴趣也随之减弱。不久，其他事物又引起了他们的兴趣，结果循环往复。如此反复，由于缺乏应对困难和挫折的能力，孩子遇事就会烦躁不安。

另外，孩子因为受到父母的过分溺爱，也容易产生急躁心理。有的家长凡事亲力亲为，不让孩子插手，久而久之，孩子就养成了依赖家长的习惯，一旦脱离了家长的帮助他们将无所适从。如果生活和学业上遇到不顺心的事情，孩子就更容易产生急躁的情绪。

嘈杂的生活和学习环境也是导致孩子产生急躁心理的原因之一。如果孩子长期处于嘈杂的环境下生活和学习，产生焦躁的情绪也在所难免。

孩子急性子，往往给他们的学习、生活带来不利的影响。妈妈要正确地引导孩子，帮孩子消除急躁情绪。

要让孩子认识到急躁情绪的危害。妈妈应告诉孩子，不管做什么事都要注意过程，切忌急功近利，“欲速则不达”。并结合孩子以往因急躁而失败的例子讲解，使孩子认识到急躁情绪的危害性，在情绪没有稳定前不采取行动。

要让孩子学会遇事冷静的心态，做事之前认真思考，做好准备和计

划，多给自己提问题，这样会使头脑冷静下来。

妈妈还要培养孩子良好的行为习惯，增强孩子的自制力。在日常生活、学习和工作中，加强对孩子良好行为习惯的培养，有规律的生活秩序、有条理的处事习惯，有利于帮孩子克服急性子毛病。

按计划行事，会让孩子做事情有明确的目的，不盲目，有利于孩子克服急躁情绪。妈妈应该要求孩子在做事情前制订好计划，明确行为目的，按计划内容做事。

妈妈应该教孩子自我暗示，教育孩子当遇到急躁情绪困扰自己时，就默默地对自己说："冷静解决问题，急躁无法解决问题。"与此同时，进行深呼吸。

修身养性可以调节一个人的情绪。对孩子而言，调节情绪最好的方法就是通过提升自己的修养开始。这种方法能有效改善自己急躁的情绪。比如，妈妈通过指导孩子绘画、练书法，培养孩子的耐心。这些活动可使孩子培养耐心和韧劲儿，加强自身思想修养，久而久之就会养成不急躁的习惯。

对孩子的感觉和情绪，妈妈都应持理解的态度，孩子的任何感觉和情绪都应该被允许。如果孩子做错了事，妈妈就对其一顿打骂，这样只会让孩子产生急躁的情绪，甚至还会产生仇恨心理。

通过面壁，让坏情绪一点点冷却

让孩子面壁思过到底算是一种体罚还是一种教育手段呢？

其实，让孩子面壁，表面上看起来像是一种体罚，但实际上它对引导和教育孩子具有一定作用。在面壁的过程中，孩子由于有了一定的个人空间，坏情绪一点点退却，变得冷静下来。这时，他们能够对自己的错误进行思考，找到问题所在，并纠正自己的错误。

雯雯和小区里的诺诺是好朋友，两人每天都在一起玩。一天妈妈下班回来，正好碰到他们俩在小区里的滑梯前玩耍。妈妈看了看表，晚饭时间就要到了，于是对雯雯说道："雯雯，你再跟诺诺玩 10 分钟就说再见，跟妈妈一起回家做饭好吗？"雯雯答应了妈妈，可是 10 分钟过后，雯雯要离开时，诺诺不愿意，他一直拉着雯雯的手说："去我家玩吧，去我家玩吧！"诺诺的奶奶也跟着一起邀请雯雯到他家做客。妈妈其实不愿意让雯雯去别人家，但这时她的手机响了，就在她和别人通话的时候，雯雯拉着诺诺的手就跟他回家了。妈妈很生气，却来不及阻拦，只好遂了雯雯的愿。

过了一会儿，妈妈做好晚饭，到诺诺家接雯雯，让她回来吃饭，可是雯雯以没有玩够为由，坚持要在诺诺家吃过晚饭再回去。加之诺诺妈妈出来帮忙说话，雯雯妈妈不好意思拒绝，又一次同意了。等到吃过晚饭，8 点左右，妈妈又来到诺诺家，接雯雯回家。她对雯雯说："走吧，雯雯，时间不早了，这次该回家了吧。”当时雯雯正在和诺诺一起摆积木，随口说道：“等一等，妈妈，我再玩一会儿。”妈妈认为这次不能再妥协，于是说道：“不可以再玩了，马上就到睡觉时间了，回去还要洗澡、刷牙，要做很多事情呢，赶快跟诺诺说再见。”雯雯不愿意，仍然不动，妈妈又说了一遍还是不起作用。妈妈已经很气愤了，不愿再多说一句话，抱起雯雯就往外走。雯雯被妈妈突然的举动吓到了，先是大哭，接着使劲儿拍打妈妈的肩膀，边打边说：“我不回去，放我下来。”

母女二人很快回到家，妈妈见雯雯还没有安静下来，就对她说：“你先到小屋里去，自己面壁思过10分钟。”雯雯不愿意，哭得更伤心了，但看着妈妈不容置疑的眼神，她还是走了进去。10分钟后，雯雯走到妈妈身边，妈妈问她：“知道妈妈为什么让你面壁思过吗？”雯雯说：“妈妈还没有同意，我就跟着诺诺回家了。我对妈妈说再玩一会儿就回家，但是没有做到；妈妈来叫我回家，我想继续玩，还跟妈妈哭闹，还打了妈妈。”没想到在短短的10分钟之内，雯雯就清楚地意识到了自己的错误。她还跟妈妈说：“我以后不会再这样，一定听妈妈的话。”这时，雯雯的情绪已经平和，妈妈对她说：“雯雯，妈妈并不想让你面壁思过，但你要知道一个人犯了错就要自己去面对、去承担。既然你已经知道自己的错误了，妈妈为你感到高兴，现在你可以去洗漱，准备睡觉了。”雯雯便乖乖地去洗漱了。

美国儿童心理医生爱德华博士认为，面壁思过的方法对孩子的成长很有帮助，它可以在短暂的惩罚中让孩子记住自己所犯的错误，并帮助家长树立威信。可见，面壁思过是一种有效的惩罚方式，是家庭教育中不可缺少的一部分。不过，在运用这种教育方式的时候也要掌握一个度，千万不要因疏忽大意而伤害孩子。

第一，妈妈要清楚地认识到，面壁思过是为了让孩子平复情绪，因此，在使用这种方法的时候，千万不能带有情绪。当孩子听到“面壁思过”这几个字时，可能会反抗，惊声尖叫，脾气会更暴躁，这个时候，如果妈妈也带着愤怒的情绪把孩子带到墙角，孩子反而无法冷静，一旦再次向妈妈发火，势必会造成亲子之间的冲突。因此，妈妈在惩罚孩子前，应先控制激动情绪，使自己冷静下来，这样才能让自己保持理智。

第二，面壁思过与罚站不同。有些家长可能认为让孩子面壁思过就是让他们面对墙壁站着，不能改变姿势，不能挪动一步，其实这是不对的。面壁思过与罚站不一样，孩子毕竟年龄还小，让他们站在那里都不能移动一下，既不科学也不起作用。面壁思过是为了引导孩子审视内心，反省自己的错误。只要孩子能够做到这一点就好。因此，面壁思过不是说一定要面对墙壁，只要给孩子一个单独的空间，例如，孩子的房间、父母的房间、客厅一角，坐在椅子上或餐桌椅上都可以，最好是在父母能够观察到的地方。像卫生间这种比较封闭的空间，最好不要强行将孩子关到里边，一来防止孩子在这种不利于观察到的地方出危险，二来这种幽闭的空间本身会给孩子带来一定的恐惧感，影响孩子的心理健康。

凯凯常常照顾身边的小朋友，如果有谁要跟他一起玩，他会把自己的玩具让给别人玩。如果有哪个小朋友不小心摔倒了，他会主动跑过去把他扶起来，还会关切地问：“疼不疼？我帮你吹一吹。”每当他想玩别人玩具的时候，总是先征得别人的同意，从来不会随便拿。

一次，凯凯的妈妈带凯凯到泳池游泳，在那里遇到了和凯凯同在一个幼儿园的小伙伴。两人在水里玩了一会儿后，便上岸休息，他们不知道聊到什么高兴的事情，表现得十分兴奋，挥动双手，从泳池边上直接跳进水里。妈妈看到那一片明明是不准跳水的地方，便提醒了他。但是没一会儿，凯凯高兴起来又忘了，再次从那个地方跳了下去。凯凯妈妈的表情立刻变了，她显然很生气，于是不由分说就命令凯凯立刻上岸。

凯凯上岸后，妈妈严肃地对他说："从现在开始不准下水，在那边的椅子上去坐10分钟。"凯凯很不情愿，但也毫无办法，只得一个人安安静静地坐在角落里的一把椅子上。10分钟过后，他清楚地意识到自己的错误，又重新回到水里。此后，他再也不在不允许的区域里跳水了。

面壁思过就好像让孩子参加一场比赛，他必须知道比赛规则，如果选手触犯规则，被裁判警告多次后无效，他便会被处罚下场，到一个区域里静静待上一段时间。孩子们可能会痛恨这种惩罚，因为他们更想在比赛场上展现自我，但是这次面壁会让他们对犯下的过错加深印象，等下次再上场的时候，能表现得更好。因此，面壁看似是一种平常的管教方法，其实却能在教育孩子的过程中发挥重要的作用。

及早掐断嫉妒的火苗

不少孩子不能知己知彼，单凭一腔争胜的热情，盲目自大，从不尊重对手客观强大这一事实，而一旦失败，更无法面对事实，最后难免产生妒忌心理，甚至是攻击对手的行为。

对于从小生活在优越环境下的孩子来说，他们无疑是大人们的掌上明珠，很多孩子都喜欢以自我为中心，从不考虑他人感受，更不能接受别人强于自己的事实。在教育孩子的过程中，妈妈一定要正确引导孩了，使其走出这种不健康的心理误区。人生在世，每个人都对成功有着无限的渴望，每个人都希望别人因自己的优秀而感到羡慕，但每个人都各有长短，谁就能一定比别人强呢？只有扬长避短、知己知彼，才能够战胜强大的对手。

孩子有嫉妒心说明他有上进心，但是无法接受对手比他强的现实而已。妈妈培养孩子有竞争意识，也应该让他们明白尊重对手的道理，学习对手的长处，弥补自身的不足。嫉妒心较强的孩子，急切渴望胜利，但内心又极度缺乏自信心，最后甚至做出一些诋毁对手的行为。

云溪和小文是一对很好的朋友。小文的作文写得很好，而且总是被老师抽出来当作全班的典范来讲解，这让云溪很不高兴，对小文产生了嫉妒的心理，总是当着小文的面，叫她“大作家”，弄得小文很尴尬。而在背地里，云溪也常和别的同学说，小文专门请了一个家教，她的作文都是家教帮着写的。因为云溪总是这样诋毁小文，让别的同学对云溪也很反感。后来，大家都渐渐疏远了云溪。

云溪的妈妈得知了这些情况后，觉得不能再让云溪这样做了，否则对自己、对同学都会产生不良的影响。妈妈告诉云溪："你嫉妒小文的作文写得好，那你应该提高自己的作文水平，多向小文请教，向小文学习才对。你这样嫉妒小文，靠讽刺、挖苦小文来发泄，你的作文水平也没有办法提高，而小文的作文水平也不会下降，它的意义在哪里呢？"

云溪听了妈妈的话，觉得很有道理，于是就按照妈妈的说法去做，每天找小文，和小文一起写作业，虚心向小文请教如何提高作文水平，学习小文和其他同学的长处。慢慢地，云溪的作文水平也提高了，而且和小文及其他同学的关系也逐渐好转。不久之后，云溪的作文也受到老师表扬了。

云溪深有感触地说道："嫉妒不会解决任何问题，只会造成很多困扰。我们应该学会尊重对手，学习对方的长处，这样才能使自己取得长足的进步。"

嫉妒是一种很复杂的心情，其中包括不服气、不舒服、不开心、自惭形秽与怨恨交织，埋在心里会折磨自身，表现出来会贻害他人。因此，必须早日熄灭孩子心中嫉妒的火苗。

第七章

让孩子从小明白什么是挫折

不经历风雨，怎能见彩虹

每个年龄段的孩子都会有不同的挫折经验，同样，在挫折面前的表现也不同。

人生在世，难免遭遇挫折。对年纪小的孩子来说，失去最想玩的玩具，或是想吃零食的时候妈妈却加以阻挠，这些都可导致他挫折感的形成。小孩子通常是通过哭闹或者发脾气的方式来表现挫折感。而当孩子年纪大一点，他们挫折感的来源就不一样了，当他们遇到那些和自己预期的不一样的事情发生时，会表现出生气、沮丧等多种负面的情绪。

挫折对于孩子而言是无法避免的。既然挫折是无法回避的，家长就应该培养孩子面对挫折和战胜挫折的能力。适当的挫折教育就是最好的方法。挫折是一种财富，是成功必然经历的阶段，因此，父母必须指导孩子学会直面挫折。

在培养孩子自信时最需要注意挫折教育的方式、方法。家长在孩子遭受挫折时没能给予正确引导，孩子就会丧失信心，遇事变得软弱。因此家长就要合理地引导孩子，让他们学会坦然面对挫折，培养对挫折的承受力和意志力。也不要让孩子太轻易成功，如果总是成功，孩子会觉得自己比别人都强，结果导致孩子自大自负，目空一切。

大多数孩子遭遇挫折后很容易产生消极情绪，面对挫折，他们往往选择的是逃避的方式。怕受挫折，害怕失败，他们认为放弃就不会失败。能改变这种情况的唯一手段就是父母在孩子遭遇挫折时，教育他们要勇敢面对挫折，要有战胜挫折的勇气和信心。与此同时，父母还要叮嘱孩子不要担心失败而畏首畏尾，要放心大胆地去干。失败一点儿也不可怕，也没有什么大不了的，失败了可以再来。

父母要引导孩子在不断的失败和挫折中磨炼自己的意志。当孩子在不断的困难当中经受磨砺并战胜困难，他们的勇气会因此而得到激发，战胜困难的欲望也就愈发强烈。这样，恐惧心理也就随之消失，而自信心也会随之越挫越勇，这时的孩子已经完全具备了抗挫折的能力。

心态决定一个人的命运。一个人具有良好的心态就具备在任何环境和条件下生存的能力。那些在逆境中成长起来的人往往比常人更具有竞争力。

美国著名心理学家特尔曼教授和他的学生柯克斯博士曾对 300 多位伟人进行了分析与研究，通过研究，他们发现这些伟人无一例外都具备了积极乐观的性格。对于青少年的成长来说，积极乐观的性格对他们的影响是巨大的，但是人的性格是在后天的环境中逐步形成的。

一个背负沉重行囊的年轻人不远万里来拜访无愁大师，他说："大师，我很孤独，经过长途跋涉，我现在已经是疲惫不堪了；因为鞋坏了，我的脚也被划伤了；手上被划出很多道口子，血流不止；嗓子也变得嘶哑，为什么心中的太阳还是不能被我发现？"大师问："那你为什么不放下你的行囊呢？"年轻人说："这个行囊对我来说太重要了。里面装满了沿途所有的痛苦……也正是因为它，支撑着我找到了您。"

大师将这个年轻人带到河边，并划船渡过了这条河。上岸之后，大师对这个年轻人说："这条船归你了，你把船扛上赶路吧！""我的天哪，怎么能扛着船赶路呢？"年轻人感到万分惊讶。大师微笑着说："是的，孩子，你怎么可能扛动它呢？船在我们渡河时是有用的。但过了河，我们就要弃船而行。否则，我们背着这条船上路的话，它就会成为我们的累赘。痛苦、孤独、眼泪、灾难都能提炼我们的人生，让我们从中受益，但要是紧紧抓住这些痛苦不放，它们也就成了我们人生中的包袱。学会放下吧！孩子，生命中不能有太多的负重。"听完大师说的这些话，年轻人有了感悟。正如大师所说，人生的旅途中不必背负太多。

教育孩子的过程也是一样，我们一定要时刻提醒自己帮助孩子放下那些不必要的负担。教育孩子不要因为小有成就就骄傲，也不要因为遇到困难就打退堂鼓。家长们应该对孩子的性格有一个明确的认识，"性格可塑"这个道理必须要明确，这样才能培养起孩子积极乐观的性格。

孩子的成长阶段最为重要的就是塑造孩子的性格。孩子小的时候家长可以给他们提供温暖的住所、美味的食物，但是孩子终究必须独自生活，如果孩子缺乏独立生存的能力，最后只会被社会抛弃。因为社会同自然界一样：物竞天择，适者生存。家长要帮助孩子及时化解那些因为挫折而产生的种种悲观情绪、不良情感或心理障碍，这样就不会导致悲观性格的形成。孩子能否成乐观的性格往往取决于家长对他的态度。

每一个大有作为的人都是把命运掌握在自己手里的人。孩子遇到了挫折就容易产生逃避情绪，父母一定要教育孩子面对挫折时要鼓起勇气，要有战胜挫折的信心。我们要让孩子明白一个道理，人生中的困难只是暂时的，一次失败不代表一生失败，一定要鼓励和引导他们相信自己，通过自己的努力和坚毅能够战胜困难。

正如叔本华所言："事物的本身并不影响人，人们只受对事物看法的影响。"一旦孩子受到对事物看法的影响，那他们的生活就会发生巨大的变化。心态可以影响孩子在未来的人生道路中如何看待事物，可以影响他们的认知程度和结果。只有真正积极的人生态度能帮助孩子最终战胜生活中遇到的各种问题，能帮助他们更好地发掘自己的潜能，走上成功的道路。

很多妈妈持这样一种观点，他们认为越是年龄小的孩子，其心理承受能力就越弱，所以不敢让孩子遭遇过多的挫折。其实，挫折对孩子而言还是有帮助的。能够经得起挫折并能战胜挫折的孩子，往往在这一过程中塑造了良好的性格，同时还提升了他们实际应对事物的能力。所以，妈妈有义务让孩子对挫折有个清晰和正确的认识，继而引导孩子正确面对挫折。妈妈也可以将自己曾经遭遇挫折和战胜挫折的经历告诉孩子，用这些事例暗示和引导孩子战胜挫折，培养他们面对挫折的勇气和信心。

没有谁的人生会一番坦途，太多的事例告诫我们，要想让孩子获得更幸福、更有价值的人生，就必须培养孩子良好的心理素质，就像歌里唱的那样：不经历风雨，怎么见彩虹！

知道赚钱的辛苦，才能懂得珍惜

只有让孩子明白赚钱的不易，生活的艰辛，他们才懂得体恤家长的辛苦，进而养成不浪费、勤俭的好习惯。最好的办法就是让孩子设身处地地体验挣钱的艰辛，在现实生活中锻炼生存能力，做一个自强自立的人。

小明是家里的独生子，平时爷爷奶奶、姥姥姥爷都非常宠爱他，要什么给什么。因此，造成了小明从小花钱就大手大脚。

当小明上学以后，穿的衣服、鞋子，背的书包等都是最好的。小明的妈妈看到小明毫无节制的花钱方式很担心，担心孩子从小就养成这样的习惯，长大以后该如何是好。小明的妈妈就和爸爸商量，要让小明知道赚钱的不易，让他知道金钱的珍贵、生活的艰辛，不能再让他如此大手大脚花钱了。

一天，小明放学回家后，告诉妈妈看中了一款200元的玩具，要妈妈买给他。妈妈一看，机会来了，就对小明说："你有很多玩具了，为什么还要买呢？"

小明一愣，因为以前从来没被问过这样的问题，他想要什么，家人就会给买什么。小明想了想说："但是，这款玩具我没有啊！"

妈妈说道："这款玩具这么贵，你知不知道爸爸妈妈挣钱是很辛苦的。钱从来都不是容易得到的。而且是你想要的玩具，那你是否能通过自己的能力，自己赚钱来买玩具呢？”

“自己赚钱？”小明挠挠头，“我怎么赚钱呢？”

妈妈说道：“你可以通过你的劳动来赚钱啊。你知道爸爸妈妈每天上班很辛苦吧。下班回家还要做饭、洗碗、打扫卫生。这样吧，你可以通过帮助我们来赚钱。洗一次碗 5 块钱，扫地、擦地 10 块钱，如何？”

“好啊！”小明对自己能赚钱这件事情很开心。于是，从那天开始，小明就开始帮着洗碗、打扫卫生。但刚开始第一天，小明就了解到这并非那么容易，而是非常累的事情。同时，他也了解到，原来赚钱是这么辛苦，爸爸妈妈每天除了上班，回家还这么操劳。

当小明终于明白了赚钱的艰辛，而每天手里拿着的又是通过自己的劳动所赚得的钱时，花钱就不再大手大脚，而是精打细算了。

赚钱是要付出辛劳的，孩子只有明白了赚钱的不容易，才能体会到生活的幸福，也就会倍加珍惜。家长在爱孩子的同时，不妨让孩子吃点苦，这样更加有利于孩子的成长。

在欧美发达地区，越是富裕的家庭，就越会让孩子参与家务，以此达到培养孩子独立做事的目的。美国孩子每周要做 5 小时的家务。实际上，让孩子参与家务劳动并不是浪费时间，通过做家务的实践，孩子反而会从中学到很多经验。因为看似容易做的家务，实则包含了很多小细节。

美国父母会在每年的四月利用一天闲暇的时间，带上自己的孩子去自己工作的地方让孩子看看自己辛苦工作的情景，以此来让孩子明白劳动的价值观。

瑞士人提倡小学生“挣钱”体验生活。瑞士的小学里专门开设了一些打工赚钱的实践课程，以此让孩子在实践中体验到赚钱的不易。除此之外，学校还会定期组织模拟市场，让孩子带些东西拿到学校的模拟市场来交易。露营、参观等活动的经费就是从孩子挣的钱中出。等到节假日的时候，瑞士的一些街道和集市上有很多中小学生拿着自制的工艺品和小食品叫卖，大多数人都会支持学生这样的举动。这是勤工俭学，也是体验生活。瑞士的孩子从小就被父母灌输了这种自食其力的思想。

钱是一分一分赚出来的，可以说，每一分钱都饱含着人们的汗水。

为了让孩子将来能在社会上生存并有所作为，就不要把孩子天天泡在蜜罐里。要让孩子早日明白生存的艰难，挣钱的艰辛，只有这样，孩子才能用自己的双手创造幸福，做一个自强自立的人。

给孩子适当的压力

玩过篮球的人都知道，拍篮球时，如果用的力气越大，篮球就会跳得越高。这就是“拍球效应”。它的寓意是说一个人如果承受的压力越大，他的潜能就会发挥得越高，反之，如果承受的压力较小，潜能发挥的程度也就越低。压力较小，人会处于松弛状态，潜能发挥不出来，因而工作效率低；当压力逐渐由小变大时，压力会转变成一种动力，激励人们努力进取，迎接挑战，因而提高了工作效率。当然，人对于压力的承受力也是有限的，如果压力大到超过人的最大承受力，它就会变成阻力，效率也就降低。只有压力约等于人的最大承受能力时，人的潜能才会发挥得最好，效率也就最高。

事实上，压力会伴随我们的一生，任何人都无法避免。人们常说有压力才有动力。的确，没有压力的人，会很颓废、消极、懒惰，因此很难有进步，如同没有落差的水一样，不会流动。

根据科学研究表明，我们想要保持良好的状态就需要适度的压力来刺激，这样一方面不仅有利于我们挖掘自身的潜能，还能将整体效率提高。举例来说，运动员们在比赛前，往往都会给自己适当的压力，将自己的状态调整到适度紧张这个“挡位”上，这样才能让自己处于最佳状态，赛出最好的水平；而如果给自己太大的压力，则连平时的水平都发挥不出来。

还有那些参加考试的学生，如果在考场上感受到适度的压力，他们就能充分调动自己的大脑，把之前储备的知识发挥出来，考取好的成绩。可见，适度的压力对于挖掘人的潜力资源、促进社会发展进步，具有非常积极的意义。

有一位老船长在返航途中遭遇了巨大暴风雨，水手们为此感到惊慌不安，唯独老船长表现得很镇定。他命令众水手们打开货舱，让水涌进货舱。

“船长这样做不是在自寻死路吗，时间一长船就沉入大海了。”一个年轻的水手向其他的水手抱怨道。

感觉到老船长的严厉与坚持，水手们不敢怠慢，赶紧把货舱打开，海水不断地灌进来，这时货舱里的水位越升越高，船也在一寸一寸地下沉，外面依旧狂风骤雨、巨浪滔天，可是船逐渐变得平稳了。

老船长松了一口气，对年轻的水手们说：“百万吨的大轮船很少能被风浪打翻，被打翻的往往是轻飘飘的小船。其实，船在负重的时候最安全；如果船很轻，没有载重，往往最危险。当然，船的负重由它的承载能力决定，想要抵挡暴风骤雨的袭击，还得依靠适当的承受力才行，如果负重超出船所能承受之重，那么它就会像你们担心的那样，消失在海中。”

正是因为船有了适度的压力，才得以使人、船幸免于难。我们的生命就像这条大船，如果没有一点压力，得过且过，往往会在人生的狂风大浪中被打翻。如果负荷过重，虽然不会被风浪击倒，但是一生碌碌无为。同样，孩子的成长过程中也要承受适当的压力。在孩子的学习生活中，如果承受的压力过小，长期处于松懈状态，学习成绩肯定不会好；如果承受的压力过大，长期处于紧张状态，效率也会越来越差。

因此，妈妈必须采取有效的措施，既不要给孩子过大的压力，对孩子设置过高的目标，提出过多的要求，也不要给孩子过度的自由空间，放任自流。父母要正确地指导、帮助孩子，给孩子适度的压力，让孩子学得愉快、学有所成。

有些妈妈会说："我并没有给孩子设置高标准，提过分的要求，我只是对他关心而已。"殊不知，对于孩子来说，过度的关心也是一种压力。孩子的内心非常敏感，由于身心发展不成熟，他们不懂得如何处理外来的压力，只会把父母的关心转变成自己内在的期望值，这样反而把自己弄得更加紧张。一旦发挥失常，他们内心无法原谅自己，很容易钻牛角尖，继而产生自卑、消极、逃避的心理。

从前有一个小和尚，一天，师父让小和尚去山下打油，在给了小和尚钱和油碗之后，师父一遍遍地警告小和尚："你要加倍小心才是，碗里的油不能洒出一滴来，不然回来罚你做一个月的苦力。"

小和尚边答应边接过东西，心惊胆战地下了山。打好油后，小和尚小心翼翼地捧着碗，踏上了回寺院的路。一路上，师父严厉的表情和告诫萦绕在小和尚的脑海之中，每一步都走得不是很安稳。

眼看就要到寺院门口，没想到小和尚一不留神，落脚不稳，手中的碗一倾斜，油顿时洒掉了一半，他紧张得手脚直发抖，心想等见到师父时，一定要挨骂受罚了。

师父果然很生气，他怒不可遏地训斥小和尚："反复交代你那么多次，一定要小心，居然洒了这么多油！罚你做一个月的苦力！"

小和尚难过得哭了起来，这时恰巧方丈经过，他了解事情的原委之后，擦了擦小和尚的眼泪，对他说："你现在再次下山一趟，还是去打油，不过这次，我要求你多留心路上的事物，回来要和我描述一下。”

小和尚端着碗再次下山打油。在回寺院的路上，他遵照方丈的嘱咐，细心地观察路上的风景：迷人的梯田，雄伟的山峰，耕作的农夫，嬉戏的孩子，还有白发苍苍的老人在路边下棋……

就这样，小和尚不知不觉地回到了寺院。当把油碗交给方丈时小和尚才发现油居然没洒出来一滴。

原来，师父严苛的要求，让小和尚压力过度，紧张兮兮的小和尚最终还是在庙门口把油洒了。而方丈留的“观察任务”，让小和尚自然放松，结果碗里的油一滴没洒。

同样，教育孩子也是如此，妈妈可以对孩子有要求，但千万不要给他们太大的压力。孩子只有心情放松地学习、生活，才能做到“不洒一滴油”。事实上，尽管孩子的年龄小，可他们是一个独立的人，有自己的意识、判断，他们希望得到尊重，希望自己的生活自己做主，所以应该给孩子充分的自由，让他们自己设定生活目标，家长在一旁给予指导和帮助，千万不要本末倒置。当然，做到这一点并非易事，需要妈妈对孩子的综合素质和心理承受能力有一个正确的评估，同时改变“压力越大，效率越高”的错误观念。多方面观察孩子、了解孩子，从孩子身上找到一个“黄金分割点”，以此为标准。孩子压力小时就适度增加压力，孩子压力大时就为孩子减小压力。

与那些过度施压的父母不同，有些妈妈教育孩子时，总担心孩子承受不了压力，所以对其放松要求，甚至没有要求，对孩子的学习、生活听之任之，其实，这种教育方法也存在一种误区，如绝对的高压会导致教育失败一样，绝对的宽松会耽误孩子的前程。

人们常说："井无压力不出水，人无压力难成器。"的确，孩子需要父母的支持，如果父母寄予孩子一定的期望，给孩子适度的压力，孩子会感受到父母的关爱和鼓励，在建立自信心的同时，把它们内化为前进的动力，这对于挖掘孩子的潜力大有益处。

所以，妈妈要适度地给孩子增加一些压力，按照成长的不同阶段进行调节，使孩子在张弛有度的环境中茁壮成长。

首先，妈妈要给孩子合理的期望。

孩子的压力来自父母的期望值。如果期望值过高，不切实际，孩子的自信心受挫，开始怀疑自己、轻视自己，产生失望情绪，放弃努力，最后自暴自弃。如果期望值过低，对孩子不予理睬，孩子会放松心态，变得消极颓废，缺乏上进心，自甘落后。因此，妈妈要根据孩子的实际情况来确定自己的期望值，孩子稍加努力后就能实现的就是最好的期望值。

与此同时，有了恰当的期望之后，孩子需要一步步地实现它。俗话说"一口吃不成大胖子"，妈妈千万不要急于求成，要调整自己的心态，只有自己心态平和了，孩子才能够轻松。妈妈不要要求孩子一步到位，留给孩子喘息的空间，让孩子脚踏实地、一步一个脚印地往前走。

其次，施压的同时，给孩子相应的支持和鼓励。

实际上，孩子的承受能力很多时候取决于家长的支持和鼓励。如果孩子的成长既没有压力也没有支持，他很难有什么出息。因为他没有足够的压力推动他前进，没有相应的支持鼓动他努力，他的潜力发挥不出来。

孩子的成长需要压力，同时也需要父母的支持。适当的压力与支持，可以让孩子在前进的过程中有勇气、有信心地接受挑战、战胜困难。用恰当的方式让孩子感受到父母的关爱，例如，温和的语气，身体的接触，向孩子传达关心，缓解孩子的压力，帮助其建立自信。

在我们周围经常发现，父母为了让孩子进步，采用讽刺、挖苦、嘲笑、威胁，甚至恐吓的方式，事实上这是对孩子幼小心灵的摧残，这种做法会给孩子的心理造成巨大创伤，孩子时时刻刻处在对自己的否定当中，觉得自己一无是处，久而久之，性格会变得自卑、内向、焦虑、压抑，心灵会发生扭曲。

所以，妈妈应该给孩子足够的爱和尊重，关心孩子，理解孩子，以平和的心态、温和的语气与孩子相处，和孩子交朋友，一同分享欢乐，分担痛苦。这样孩子的表现会与以前大不相同。

其实，压力就像空气，没有人能在真空中存活，所以说人的一生不可能没有压力。的确，曲折的人生道路，入学、升学、就业、升迁，孩子成长的每一个足迹都有压力伴随。没有压力，人的一生就会平淡无奇。生命原本是丰富多彩的，任何人都不愿意自己的生活一成不变。因此，妈妈要让孩子懂得在尽情享受成功的喜悦时，应当感谢当初令人头疼不已的压力。在品尝一帆风顺的快乐时，也要欣然接受压力带来的痛苦和磨炼。

培养孩子的勤俭之风

北宋文学家司马光说："由俭入奢易，由奢入俭难。"这句话出自《训俭示康》，除此之外，他还特别强调："俭，德之共也；侈，恶之大也。"意在告诫儿子不能贪图享受之风，应将俭朴的家风继续保持下去。

我们在教育下一代时，有必要将勤俭节约的好习惯让孩子传承下来，既让孩子不怕吃苦也要引导孩子不要过度追求物质享受。要让孩子知道，人生的成功，不是靠吃、穿、用来度量，而是靠真才实学达成的。如果让孩子过早地贪图享乐，没有尝试过艰难困苦，这等于是把他们的一生都毁了。

在现实生活中，随着物质生活水平的日益提高，越来越多的家庭喜欢用物质满足孩子的一切要求，孩子要什么就给什么。即使一些条件不好的家庭，父母宁愿省吃俭用，也要让孩子的生活与同伴们"齐头并进"。这并不是一件好事，家长们对孩子看似爱之，实则害之。事实上，对孩子物质上的有求必应，会造成孩子花钱大手大脚、不懂珍惜的坏习惯，追求物质享受，不愿意受穷吃苦。

身为"石油大王"的约翰·洛克菲勒，却对孩子们非常"吝啬"。尽管他财力雄厚、富甲一方，但他从不在金钱上娇惯孩子，就连零用钱也算计得一清二楚。

洛克菲勒根据孩子成长的不同年龄来发放零用钱：10 岁以下每周 30 美分，十一二岁每周 1 美元，15 岁以上每周 2 美元，每周发放一次，保证定时定量。除此之外，他给每个孩子都准备了账本，要求他们将自己的支出明细都记录下来，每次发钱的时候他都会检查孩子们的账本。支出正当的人，下一周的零花钱可以增加 5 美分，反之则减少。

此外，洛克菲勒规定，如果孩子们帮助做家务的话，会获得额外的报酬，用来补贴自己的零花钱。例如，拍苍蝇、捉老鼠、清理草坪，都可以得到若干酬劳。孩子们很拥护父亲的政策，积极参与劳动，他们开动脑筋，勤于动手。二儿子纳尔逊（后来担任美国副总统）和三儿子劳伦斯（后来兴办新兴工业）一起主动承担了替全家人擦鞋的服务。这两个儿子在十二三岁的时候就一起合伙养兔子，用以卖给医学研究所换取酬劳，孩子们品尝到了劳动的乐趣和收获的喜悦。

后来，儿女们纷纷长大，去外地上大学，洛克菲勒依然对他们的零花钱严格管理，规定他们的消费要与一般家庭的孩子持平，如有其他用途必须额外申请。他不愿意让孩子任意挥霍，哪怕是 1 分钱。

养成俭朴的生活习惯，经历赚钱的艰辛，对于孩子适应社会、培养责任感和进取心，具有重要的意义，这些远比金钱更让孩子受用不尽。

实际上，孩子对物质和金钱的态度，绝大部分取决于父母。父母对待钱财、劳动的态度，在潜移默化中也塑造了孩子的价值观。

所以，父母要以身作则，给孩子做出表率，即便再有钱，也不能一味地讲究物质生活，在孩子面前奢侈浪费。同时，父母要让孩子知道赚钱不易。只有付出，才有回报。要有意让孩子体验劳动的滋味，经历了艰辛，才能有所收获。可以像上面讲到的洛克菲勒那样，鼓励孩子做一些家务或者兼职，如让孩子打扫卫生、洗衣服等，赚取自己的零花钱。这样做目的不在于让孩子赚钱，而在于让孩子明白钱财来之不易，让孩子懂得珍惜。

此外，要教会孩子理财，教孩子学会积累，将手中的零用钱、压岁钱，按照计划使用，适当积累。教育孩子废物利用，这种方法既可以培养孩子节俭的好习惯，又可以锻炼孩子的想象力和行动力。同时，教会孩子把握消费的分寸，让孩子懂得"量入为出"，不该花的钱一定不要乱花，要知道，任何合理消费都是建立在收支平衡的基础上。消费水平取决于支付能力。

第八章

用沟通解决孩子学习的烦恼

让孩子从厌学走向好学

父母需要经常面对的一个问题就是孩子厌学。

兵兵的妈妈发现，最近兵兵不知道为什么，一提到学习脸上就出现烦躁的神情，一拿到书就哈欠不断，写作业也磨磨蹭蹭的，拿块橡皮都能拿半天。妈妈让他把次日学习的内容预习一遍，他就冲妈妈嚷嚷："看什么看，有什么好看的！"经过妈妈苦苦的追问，兵兵才说了实话："我不想学习，学习太累了！"

妈妈为此感到万分焦急和苦恼，便找到了兵兵的班主任。班主任告诉妈妈，兵兵最近有厌学情绪，他也正要找家长反映一下情况。

厌学的具体表现有下述几种：对学习提不起兴趣；上课注意力不集中，没有心思听讲；反应迟钝；写作业常常敷衍了事；作业和考试频频出错；被动学习。学生产生厌学情绪后，会把学习看成一种沉重的负担。

很多因素造成了学生的厌学情绪，主观、客观因素都有。

从主观因素上看，一种原因是学生在学习中经常遇到挫折，如考试失利，排名落后，经过努力却难以取得好的成绩，从而感到自己没有学习的天赋，长此以往就对学习没有了兴趣，信心也随之丧失，进而造成厌学情绪。另一种原因是学生缺乏目标，不思进取。

从客观的角度上看，教学模式和教材内容的枯燥乏味也会引起学生的厌学。造成学生厌学情绪的另一个直接原因就是教师。教师的教学模式不当或对学生不尊重，往往也会让学生产生厌学情绪。

另外，造成孩子厌学还有社会因素和家庭因素。比如，孩子结交了“狐朋狗友”；在对待孩子的教育问题上，父母的方法不当或是漠不关心的态度也会导致孩子产生厌学心理，等等。

在诸多不良因素中，导致孩子厌学的重要原因首推不良的家庭教育方式。大多数家长虽然重视对孩子的教育，但由于方式方法不够科学，结果形成家庭教育的弊端，最后导致孩子厌学、恶学。

有的父母因为工作繁忙或者其他原因，对孩子的学习情况不闻不问，孩子因此变得松懈，缺乏约束，导致学习态度浮躁。当今社会这种现象是普遍存在的。

有的父母教育孩子的目标过于单一，只重视智力培养，忽视了德育和心理健康的培养，除学习以外的事情，家长对孩子不闻不问，最终导致孩子形成了逆反心理。还有父母对孩子成才的期望过高，孩子难以达到家长不断攀升的目标，造成学习心理紧张，压力太大，导致厌学。

更有父母包办过多，娇纵溺爱，也会使孩子养成懒散、不愿意主动思考的坏习惯。学习需要强大的意志和努力的支撑，善于学习、能忍受学习枯燥的孩子往往是意志品质出类拔萃的人。有的家长对孩子百般顺遂，导致孩子缺乏面对困难的勇气，在艰苦的学习过程中被“大部队”甩在了后面，从而产生厌学心理。

厌学无疑会压抑或扼杀孩子学习的热情，束缚和困扰孩子的美好心灵，对孩子的健康成长与发展都会造成严重的危害。

对于孩子的厌学情绪，父母应尽最大的努力帮助孩子克服。

首先，父母不要对可塑性非常强的孩子用过于简单粗暴的方式，而要理性教育自己的孩子。如果能够这样做，那么孩子的进步还是会很明显的。

莉莉已经上初中二年级了，可是她的英语却一直不好，而且学习英语的积极性也不高。为此，妈妈很是苦恼。一开始，每天逼着莉莉死记硬背单词，当检查时，发现莉莉某个单词忘记了，就简单粗暴地大骂。妈妈费尽心力，但莉莉的英语成绩还是没有提高。

实在没有办法的妈妈向一位从事少儿教育的朋友请教，朋友听了她的话后，说道："简单粗暴的教育方式，只会让孩子在被动中学习。而且因为背错单词会被惩罚，因此造成了内心的恐慌，而更加紧张，更容易出错。你应该改变这种方式，尝试着引导，调动起孩子主动学习的积极性，并多与孩子分享、多鼓励孩子。"

莉莉的妈妈听了朋友这番话后很有启发，当晚，她看到莉莉在看英语书，走到莉莉身边，对莉莉说："你都能看懂这么多单词了啊。莉莉好棒！这里很多单词妈妈都看不懂，你能不能教教我呢？"

莉莉看到妈妈指的那几个单词，是自己刚刚学过的内容，于是十分神气地给妈妈讲解单词的意思和用法，并将她在英语课上学到的有关知识统统讲了出来。看到妈妈"如梦初醒"的表情，莉莉很有成就感。从妈妈向她投来的欣赏的目光中，莉莉越发感到自信了。

从此，莉莉爱上了学英语，上课认真听讲，回家及时完成作业，在家中经常给妈妈"上英语课"，辅导妈妈学习英语。为此，莉莉从心底感受到了和妈妈一起分享知识的快乐。

父母学会和孩子分享知识，能够使孩子在学习上更有兴趣，更有信心，从而真正地爱上学习。同时，父母还应当教会孩子善于在已有知识的基础上学习新的知识，把新的知识纳入到已有的知识体系中，这样才能调动起孩子的学习兴趣。

其次，对那些因为懒惰、没有毅力而产生厌学情绪的孩子，父母一方面要教育孩子树立正确的学习观，另外要制订具体的学习计划，培养孩子养成良好的学习习惯，改变消极的学习态度。父母每天要检查孩子完成作业的情况，要以强有力的措施来培养孩子良好的学习习惯。一旦孩子形成了良好的学习习惯，就会改变厌学的态度。

再次，在学习上，父母还应尽量减少为孩子提供帮助，培养孩子的独立意志。厌学的孩子最怕在学习上遇到困难，他们的依赖心理比起别的孩子更强，什么事情都希望得到家长的帮助，父母要矫正孩子这种散漫和懒惰的习惯。

如果是因为老师对某个学生的态度和教学方式不当，给学生心理造成负面影响，父母在了解这一原因之后，要积极主动地与任课老师沟通，取得老师的理解与配合。实践证明，老师对学生的态度和教育方式是提高学生学习兴趣、学习信心的关键。老师的爱与鼓励能让学生重新点燃对学习的热情，一旦对学习产生了兴趣，厌学情绪也就随之消失了。

孩子出现了厌学的苗头，只靠孩子本身是很不容易解决的，只有依靠老师和家长的密切配合才能产生效果。在操作的过程中，父母要做到科学分析、正确引导，和老师一起寻找使学生从“厌学”变为“好学”的法宝。

让孩子体会学习的快乐

小华在小学时学习成绩比较好，但是自从她上初中以来，就开始为学习感到苦恼。小华一直很听话，她每天都很认真地学习，认真地完成作业，做好复习和预习，但是即使这样，小华的考试成绩还是很不理想。她的付出与成绩不成正比，妈妈也替她着急，感觉有点儿想不通。

一些孩子对于每一次考试、测验，无论其大小，都抱有很大的期望，这种不分轻重的期望转化成了压力。如果考出好成绩，接下来期望会更高，如果成绩不理想则倍感受挫。过高的期望和随之而来的失望，循环往复，考试的压力很快变成了心理压力和精神压力。

“目标”一词在心理学中的含义是个体在动机活动中努力追求的结果，“目标导向”是很多人行为动力的来源。当学生按照目标发奋学习时，我们就可以把学生的这一行为看作是“目标导向”。在这种行为中，学生一般意识到他们的现状和理想目标差距不是很大，因为目标差距不大带来了激励，学生就会努力学习，将这中间的差距消除。心理学家认为，目标之所以对人起着激励作用，是因为目标能指引人集中精力去完成当前的任务，同时激发人的努力，促使人寻求新的策略，改进学习方法。

香港首富李嘉诚幼年家境贫寒，读到初中时因家贫被迫辍学。他深知没有知识将来就不可能有大作为的道理，所以，他白天从事推销工作，晚上继续上夜校学习知识，还经常到废品收购站买旧教材，想尽一切办法学习。转学时，李嘉诚连英文中的26个字母都认不全，但他内心非常清楚，如果学不好英语，在香港是永远没有办法出人头地的。经过一番苦学，李嘉诚不仅根据英文杂志的介绍研制了制造塑胶樽的机器，还凭借不很流利的口语和外国人做生意，打开了国际市场。经过几年的发展，李嘉诚的塑胶项目在东南亚市场就占了很大的份额。

“能够有一番成就”“和外国人做生意”是李嘉诚刻苦学习的目的。调查结果发现，如今分数高低成为一些父母衡量孩子学习好坏的唯一标准。实际上，分数只是衡量学生学习效果的标准之一，考试分数无法全面反映一个学生的综合素质。即使单纯地看考试分数，也存在一个相对分数的问题，即成绩排名次序的变化，这与考题的难度、学习氛围、知识点的掌握、应考心理，甚至情绪变化等诸多因素都有很大的关系，绝不仅仅是某一个环节导致的成绩差异。也就是说，学习成绩不是一蹴而就的。

以考试成绩为目标是很常见的学习目的。以考试成绩作为目标的学生要通过与他人比较显示自己的能力，他们关心获得好的分数。然而他们更关心别人的评价，却不太关心自己学到了什么。

其实，比较有效的学习目的是以任务为目标。以学习或掌握为目的的学生更喜欢接受比较有挑战性的事物，他们往往具有直面困难的勇气。他们主要关心自己掌握知识和能力的提高，不注重学生之间的比较。他们也会寻求他人的帮助，运用较合适的认知方法和学习策略。

荒芜的土地不能提供粮食，智慧的甜果长于勤勉之树。“苦学”是精神，“乐学”是心境，两者需要凝聚成合力，才能够使孩子攀登知识高峰、完善自己，自我构建创造型人才，在知识经济时代始终把握主动权以立于不败之地。

父母需要改变的是原始的教育手段，需要的是积极的、科学的、适当的教育方法，把孩子引向自觉、主动、勤勉、奋发的正确而健康的学习轨道上来。

孩子只有乐学，自觉主动地学习，才能具有强大的精神动力，才能挖掘出更大的心智潜能。

就学习而言，考试这种方式本身没有错，需要纠正的是孩子对待考试的态度。成绩理想的，应戒骄戒躁，设定能力所及的合理目标；成绩不理想的，不要妄自菲薄，不要灰心丧气，应分析问题，解决问题，准备再战。

当孩子因考试成绩不理想而产生挫折感时，父母一定要给孩子更多的安慰，为孩子营造一个平和的家庭氛围，鼓励孩子认清自身实力，调整学习的方法。

学习是痛并快乐着的过程，如何让孩子在学习中减少痛苦感，激发对学习的热情，是父母引导和培养孩子正确看待学习的关键。

别让孩子对老师误会加深

孩子的思想感情还不成熟，做事情很容易受到情绪的影响，很多孩子都是因为老师的缘故而对某科特别喜欢或者特别讨厌。孩子这样做事情通常都是从自己的主观感觉出发，而不去考虑其他方面的因素，需要父母正确及时地引导。如果父母不给予正确的引导，就可能促使孩子对老师的误解越来越深。

李晓芳是初中二年级学生，学习成绩总体还是不错的，只是有些偏科，数学成绩差一点儿。期中考试成绩出来后，李晓芳的妈妈对她的数学成绩感到很不满意，孩子于是就对妈妈诉苦，说数学老师讲课如何如何不好，老师在上课时几乎没怎么提问过自己。每到上数学课，李晓芳就感觉老师偏心，总是提问那些数学成绩好的同学，于是就对数学提不起兴趣，无法集中精力认真听讲。

妈妈听后，认为孩子学不好数学是因为老师偏心，于是在孩子面前说了很多老师的坏话，甚至扬言要去校长那里告老师的状。有了妈妈撑腰，李晓芳就更不愿意学数学了。每当上数学课的时候，李晓芳总是偷偷地做一些与数学无关的题目。几次考试下来，她的数学成绩更加糟糕了。

孩子随着年龄的增长，想法越来越多。如果他们在学习上或其他方面没有达到预定的目标，就会寻找各式各样的借口来推卸责任。他们最多的借口是“老师不喜欢我”“老师偏心”或者“老师讲课没水平”，等等。

当孩子对老师产生误解时，家长就成为主要的引导者。如果家长只是听从孩子的主观叙述，就会给老师和孩子的交流加重障碍，这样对老师和孩子都不利。

就我国目前的教育普及情况而言，不可能让孩子各科都配备最好的老师，有些老师自身素质不高，有缺点和不足是难免的，家长要引导孩子去接受老师，积极地和老师配合。

很多家长往往缺少冷静、清醒的认识，经常在孩子面前说老师的坏话。这种做法不仅在业务上否定了老师，同时也在感情上伤害了老师，自然难以在孩子心目中树立起老师的良好形象。孩子很容易因为家长对老师不负责任的评价而对学校或老师产生某种怨恨，进而在学习中无法深入下去，最终导致教育的失败。

也许有的老师对待不同的孩子有不同的态度，但这是极个别现象，妈妈千万不要随着孩子的主观表述附和，要正确、理性地判断，最后正确地引导孩子。要知道，孩子一旦厌恶老师，厌学情绪便随之而来。

孩子在学校里会遇到各种各样的问题，尤其是孩子对老师产生误会时，妈妈要做好参谋，让孩子把在学校里遇到的各种困难都能敞开心扉讲出来，然后帮孩子认真分析。妈妈应该做耐心细致的了解和引导工作，而不是跟着孩子一起说老师的不是。

月波有一天上课时，下意识地玩起了手中的圆珠笔，玩着玩着不小心没抓住，笔掉在了地上。当他弯下腰去捡笔的时候，另一只手不小心碰到了铅笔盒，铅笔盒也随之掉落在地。而铅笔盒掉落后的声音很大，立刻吸引了老师和全班同学的注意力。老师讲课被打断，心里很不高兴，批评月波上课不专心听讲，故意捣乱，让他保证下次不再犯这样的错误。

月波回到家后，就向妈妈抱怨道："我又不是故意的，为什么老师专门针对我，批评我呢？"

妈妈听了月波说完事情的经过后，教育道："学校本来就有学校的规章制度，身为学生就应该遵守。在课堂上，若是每一个学生都随意乱动，发出各种声音，老师的课还怎么上呢？老师说你，是为你好。要是老师对你的动作不管不顾；对上课不认真听讲的学生也不点醒他；对没完成作业的学生也不批评他；对作业写错了的同学，老师也都不指正……这样下去，你想想，你们会有好的成绩吗？等以后你们走上了社会，再想起自己的学生时代，到时候肯定就会后悔了，会说'要是当时老师对我们严格一点该多好啊'！你是希望自己到时候后悔呢，还是希望老师现在对你严格一些呢？你好好想一想，老师这样严格要求你，是要你将在课堂上的这些坏习惯一点点摒弃掉，做一个遵守纪律的好孩子，你应该为有这样一个严格的好老师感到高兴才对。"

作为妈妈，一定要做到正确看待老师对于孩子的批评，不能一味护短。只有妈妈做到了正确引导，孩子才能改正自己偏激的想法，成为一位优秀的学生。

妈妈有意识地维护老师的形象，既是对老师的尊重，更是对自己的孩子负责。所以妈妈一定不要随意在孩子面前说老师的不是，要帮助孩子客观地分析情况，要在孩子心目中树立起老师的良好形象。

还有，应该让孩子主动找老师交流。如果孩子在学校里对老师产生了误会，必然会反映在情绪上。妈妈可以通过观察孩子情绪的变化了解孩子心里的困惑。妈妈可以倾听孩子心里的想法，然后鼓励孩子主动去跟老师交流，通过跟老师面对面的对话，可以让孩子消除自己的疑虑。这也是解决孩子对老师产生误解的一种好方法。

同时，妈妈和孩子共同努力，多和老师做更多的沟通，可以加深双方的信任和了解，这既有利于老师今后开展工作，更有利于孩子的学业。

必须强调的是，妈妈一定要帮助孩子树立健康向上的心态。妈妈应该引导孩子，老师喜不喜欢你不是关键，不要将过多的精力集中在这上面，抓好学习才是重中之重。要知道，不同的老师可能会喜欢不同的孩子，就像你也会喜欢不同的朋友一样，在不伤害他人的前提下，不用为此去改变什么。

妈妈还可以告诉孩子，要想受到别人喜爱，需要孩子自己的努力。孩子在家里得到父母的疼爱，慢慢会形成以自我为中心的习惯。入学以后，老师不可能对每个学生都照顾得无微不至，孩子有失落感也是正常的。妈妈要引导孩子多和老师同学接触，做事做人都要起好的表率，这样老师同学才会喜欢你。

孩子会因为这种阳光的心态终身受益。当然，要是问题真的出在老师那里，也不能委屈孩子，但一定要小心地对待，智慧地处理。

别在学习的道路上，逼孩子太紧

苏霍姆林斯基说过："最好的教育是自我的教育。"很多家长喜欢约束自己的孩子，总是怕孩子在学习上分心、在做事情上出错，于是，把孩子看得紧紧的，不给他们一点自由。每天穿什么衣服要管，理什么发型要管，写字用哪种类型的笔也要管，孩子先写什么作业、后写什么作业也管……总之，事无巨细，一切都希望帮孩子做好。

家长一定要明白，孩子也是独立的个体，他们需要有自己的思想、自己的爱好、自己的学习方法。情商高的妈妈一定要懂得什么时候该管，什么时候该放。你的孩子是独一无二的，所以你的教育也不能是千篇一律的。因为，一定要了解自己的孩子，认识到孩子身上的优点和缺点，有针对性地教育。根据孩子自身的特点，让孩子一点点养成良好的学习方式和生活习惯。只有做到因材施教，孩子才能在正确的道路上不断前行。而妈妈一定要懂得给孩子自由的空间，放开你的双手，否则，孩子永远无法独立前行。

家长可以根据孩子自身的特点，给孩子自由活动的空间，如鼓励他自己结识朋友，让他在自己的这个空间里自己当主人。

李嘉诚注意到对孩子的个性和能力培养非常重要。儿子在八九岁的时候就被他叫到公司旁听董事会，他还要求孩子发表一些自己的意见。后来，两个儿子从斯坦福大学毕业后，他们想回到爸爸的麾下效力，但他们的请求被李嘉诚拒绝了："你们先去自己打江山，用实践来证明你们能否胜任公司中的职位。"最后，兄弟俩分别在地产和银行两个行业中闯出了一片自己的天地，这期间的艰苦是别人想象不到的，最终俩人都成了叱咤商界的风云人物。

如陶行知所说的一样："让孩子出自己的力、流自己的汗、吃自己的饭才是英雄汉。"但是，不少家长对孩子"心太软"，对孩子的一切事情都代劳，白天接送去上学，晚上陪读到三更，其结果是子女难独立，这种现象确实令人担忧。因此，如何在管与不管之间拿捏，应成为家长重要的必修课。

美国家长从孩子出生后就开始对孩子进行独立教育，让孩子独自睡在一间房子里。孩子自己学着喝奶和吃饭。即使孩子常常把饭桌搞得一片狼藉，美国家长也不亲自喂孩子，而是让孩子自己学着吃。

放手让孩子成长，这样的爱才是真正的爱。孩子自己喜欢做的事情，家长就应该给予支持，那样才能让孩子和家长很好地相处，让孩子在一个比较愉悦的环境中成长！

第九章

让孩子走出去克服交际障碍

建立友谊的桥梁，最先学会的是付出

美国著名成功学家、心理学家戴尔·卡耐基指出，一个人的成功30%靠才能，70%靠人际关系。人无法离群索居，孤立生活，尤其是现代人。我们每天都要与别人打交道，通过和别人的交流获得信息，从中也能学习到别人的经验和优点，在互帮互助的情况下完成工作。与人交往是一个人的身心发展、个性形成的重要过程，而且人的兴趣爱好、价值观念的形成都离不开交往。正是有了交往，人才有了更多的机会学习各种知识，参与更多社会实践。同时，逐渐理解和掌握社会规范，渐渐地形成自己独特的认知倾向、心理特点和道德品质。

由此可见，培养孩子的人际交往能力十分必要。只有掌握了这种能力，孩子才能够适应社会、进入社会，掌控自己的生活，尽早学会平等、尊重、合作、宽容和与人友好相处，从而形成积极向上的情感，不断完善自我。这一切都建立在孩子与人友好相处的基础之上。

许多人只知道一味要求别人的友好和关爱，不愿意付出自己的真心，导致这个世界日渐冷漠。维也纳心理学家阿尔弗雷德·阿德勒在其著作《人生真义》中写过这样一句话：“只有不懂得关怀别人的人，其生活才会面临真正的痛苦，甚至伤及他人。人类之所以充满失败，正是由这些人所造成的。”其实，人与人之间，一抹淡淡的微笑，一句鼓励的话语，一声贴心的问候，都能让世界变得友好、温暖，让心与心之间的距离拉近，真挚的友谊自然而然会产生。

我们应该告诉孩子，如果想要与别人建立友好的关系，获得友谊，首先需要你付出真心，做出友善的举动，这样别人才愿意接受你、喜欢你、亲近你。

友好的举动往往很简单，比如一个善意的微笑，一次耐心的倾听，或者是叫出对方的名字。尽管看上去微不足道，却让人感受到尊重与认可，这是人类最原始的一种欲望。只要是人，就会希望自己的价值得到肯定，渴望从别人那里获得赞许，从而感受到自己的重要性。因此，心理学家指出，人类所有的行为都有一个至高无上的准则——永远让别人感受到他的重要性。如果人人都能遵守这个准则，我们将会避开很多不必要的麻烦，还会拥有很多真诚、友善的朋友。所以，无论何时何地，我们都要守住这条金科玉律：要别人怎么待你，就先怎么待人。

所以我们应该教育孩子在与人相处中，言谈之间，多使用“请”“对不起”“麻烦你”等礼貌用语。俗话说“礼多人不怪”，这些客套话往往会产生良好的润滑效果，使我们避开一些无谓的冲突、争执，同时树立了自己文明的形象。

与此同时，父母要让孩子学会微笑。行为比语言更能打动人，当你面露微笑时，这样的微笑往往能获得友善的回应。可以说，微笑是最有效、最真诚的沟通方式，微笑是人际关系的润滑剂，它能够消除人与人的隔阂，能够让陌生变为熟悉，让敌人变成朋友。

此外，我们还要提醒孩子通过记住他人的名字来表达自己的尊重和友善，以此来获得他人的友谊和帮助。

安德鲁·卡内基在10岁那年，就意识到人们对自己姓名的重视，于是他开始锻炼自己的记忆能力，很快他就巧妙地记住了身边所有人的名字，因此赢得了他们的友善合作。数十年之后，他又凭着这项技能，为自己赚得了数百万美元的财富。

当卡内基得知宾州铁路局正要修建铁路，需要大量的钢铁，于是他找到宾州铁路局局长文格·汤普逊，告诉他，自己想要把手下那个建在匹兹堡的大规模工厂以文格·汤普逊来命名。局长一听，惊喜连连，欣然地同意了。不久，宾州铁路修筑工作开始了，文格·汤普逊找到他的新朋友——卡内基，向他购置了大量的钢铁。

卡内基事业成功的秘诀之一就是尊重、牢记他人的姓名，他一直很骄傲自己能够认识大部分的下属，并能叫出他们的名字。正是这样良好的习惯促使他的钢铁王国更加团结，更加强大。

生活中，很多人不能与人友好相处的另一个原因是他们不能耐心地倾听别人讲话。他们只顾自己，对别人的讲话根本没有耐心听完，这样的人是多么的可悲啊！通常，人们喜欢耐心倾听的人，讨厌那些争着发言的人。事实证明，无论是谁，他对自身问题的关心程度，绝对超出他对你的问题的千百倍之上。

所以，我们要让孩子知道，成为一个好的谈话对象，首先要做一个合格的听众，逐渐掌握听人说话这门艺术，才能与对方愉快地交谈。告诉孩子：想要别人接纳你、喜欢你，先要有一双倾听的耳朵。

父母需要做的就是鼓励孩子有爱心、宽容和谦让，让孩子把这些美德发挥出来，与小伙伴们融洽相处，相互鼓励、相互帮助，健康快乐地成长。

1. 为孩子营造一个健康、和谐的家庭氛围

家，作为孩子饮食起居的第一场所，也是为孩子提供最初交往的地方。而良好的家庭氛围能够激发孩子对交往的兴趣，满足孩子的情感需要，让孩子从小乐于与人交往、沟通，善于表达自己的意愿和想法，由此形成良好的人际交往能力。

父母在家中尽量避免发生争执，是营造良好家庭氛围的方式之一。尤其在孩子面前，一方面避免孩子产生紧张、焦虑、恐慌的情绪，另一方面避免孩子学习这种负面的交往方式。因此，父母一定要起到积极的表率作用，彼此忍让、尊重、体谅、包容、和谐共处。孩子在这样的环境中生活、学习，品质和性格得到熏陶，自然会变得宽容大度、谦虚忍让，懂得善待他人。

2. 教会孩子善待他人

现在绝大部分家庭的孩子都是独生子女，他们通常有自私的坏毛病：凡事只顾着自己，喜欢处处占上风，看不惯别人比自己好，这样的孩子很难与人友好相处。因此，教会孩子尊重别人、欣赏别人，对别人宽容和谦让是家长首要任务之一。善于发现别人身上的闪光点，不吝啬自己的夸奖和赞美；同时对他人的缺点理解包容，不因别人的缺点心生厌恶、鄙视和疏远人家。当然，父母要以身作则，通过自己的言传身教，让孩子珍惜友谊。即便在与别人相处时，发生一些小摩擦、小冲突都要妥善化解，与人重归于好。

俗话说“赠人玫瑰，手有余香”，父母应该把善良的种子播撒在孩子的心中，让它发芽、成长。终有一天，孩子会收获到满满的友谊的果实。

一点点接触孩子的敏感“雷区”

丽丽是个文静的女孩子，正在读初中。一直以来，丽丽和同学相处得都很好，然而近两个月以来，丽丽的生活完全改变了。

一天，丽丽偶然听到班上两个女生在说她的坏话。当时感到非常难堪、羞愤，为了避免尴尬，她赶紧逃开了，两个女同学也没有发现丽丽。后来，丽丽就总是思来想去，不明白自己究竟哪里得罪了她们，惹得她们在背后说自己坏话。

丽丽认为自己对别人很好，就应该受到别人的尊重，这让她感到很伤心。除了最要好的朋友小董外，丽丽没办法相信其他的人。于是，丽丽越来越感到忧虑，心里总是想：“为什么我那么真诚、善意地对待她们，而她们却这样对待我呢？”后来，丽丽还为此严重地失眠。

经心理咨询，丽丽的异常心理属于过度的人际关系敏感。一般而言，人际敏感有多种表现，例如，知心朋友少；难以有效和别人沟通；和别人相处时显得小心翼翼，表现出谨小慎微的样子；过于礼貌和拘谨，让人产生距离感；小心眼，对一件小事久久不能放下；特别在意别人对自己的评价，等等。

孩子产生人际关系敏感的原因有多种，既有个人的因素，也有家庭、社会的因素。

1. 孩子身心发展的特点决定了他们容易产生人际关系敏感

有些孩子感情脆弱、疑虑重重，经不起挫折和打击，一点小小的刺激就会造成他们的紧张情绪，一些“言者无心”的话都有可能让他们感到愤怒、忧郁。

2. 孩子强烈的尊重需求与对他人的消极期待之间产生矛盾

孩子对“我是谁”感到好奇，力图对自我进行全面清晰的认识。在他们的脑海里常常有着这样的疑虑：“我的优点是什么？”“别人对我有什么看法？”

具有人际关系敏感心理问题的孩子往往自尊心太强，而他们的自我认识又十分不稳定，因为他们比普通孩子更渴望得到他人的尊重，一旦受到批评或嘲讽就会感觉难以接受。为了让自我不再受到打击，他们尽量避免和人交往。一旦不得已要和他人交往，他们就会事先作出以下假设，以为“他很可能看不起我”，即对他人消极期待。

因此，强烈的尊重需求常与对他人的消极期待产生矛盾，这样就造成了恶性循环，越是对人际交往没有信心，越容易在交往中受挫。长此以往，孩子更加缺乏人际交往的经验。

3. 家庭环境的影响也是导致孩子产生人际关系敏感的重要因素

对孩子形成自我认识影响最大的因素就是父母，孩子不但耳濡目染地学习父母人际交往的技巧，而且将这些技巧运用到自己的人际交往中，还被动地接受父母对自己的评价以及对他人的评价。

过度敏感是不好的个性，这种个性对孩子的成长极为不利，渐渐让孩子变得多疑，最终导致孩子在朋友中难以立足。因此父母必须对此引起高度的重视，采用积极有效的方法帮孩子克服人际敏感。

父母可以通过心理专家的指导和帮助，给予孩子耐心的引导，消除孩子不合理的想法，让孩子从内心对自己有一个正确的认知，从而消除人际关系的敏感。

父母应该帮孩子分析、探讨，让孩子慢慢地分析自己的感受和认识，认识到有些感受是自己主观造成的，而不是别人故意针对自己的行为。

父母还可以帮孩子进行松弛训练。这种训练通过有意识地控制自身的心理、生理活动，达到改善机体紊乱功能的目的。父母可以指导孩子做如下动作：使全身的肌肉紧张，然后深呼吸，释放压力，并注意自己的心跳次数。

通过这种方法，使孩子感受紧张和松弛的状态，比较之间的差异，这样会使孩子敏感的神经逐渐得到放松。松弛训练的目的在于通过肌肉的放松达到精神的放松，让孩子合理应对生活中产生的敏感情绪。

父母必须注重培养孩子的自信心。父母不要轻易地对孩子说“你不会”，而是经常用“你能行”“你一定能做到”来要求和鼓励孩子。

父母适时地帮助孩子认识自己的能力，并给予正面的支持，不仅促使孩子对自己有信心，而且还会使孩子产生奋发向上的动力。自我价值是建立在自信的基础上的，只有自信才能让一个人真正实现自我价值。帮助孩子树立自信心、提升自我价值是父母的责任，也是让孩子享用一生的幸福源泉。

当孩子因为别人的不恭言辞或贬低而情绪低落、坐立不安时，父母可以教孩子懂得“置之不理”的道理，告诉孩子：没有必要对此表现出耿耿于怀的样子。对别人的评价不必太在意，你要对自己有一个正确的认识，你若有价值，别人对你的否定没有任何意义。

让孩子对别人的不恭“置之不理”，从而保持良好的心境，这也是保持孩子自尊的一种方法。同时，父母可以教孩子采用幽默的方式回应对方几句，一笑了之，这也是缓解尴尬气氛的良策。

要克服孩子的人际关系敏感，还要教孩子主动地与他人交往，让孩子懂得建立人际关系的基本条件，懂得理解与宽容，学会关心别人，积极主动地与别人交往。

在现实生活中，妨碍孩子与人交往的原因很多，有些属于性格问题，有些属于观念问题，有些则是因为孩子缺乏信心。父母要帮助孩子消除疑虑，让孩子明白，人与人之间是一种相互依存的关系，每一个人都需要别人的帮助，每一个人也都应该尽可能地帮助别人。

父母应该告诉孩子一些人际交往的常识，让孩子在人际交往的过程中懂得：不要一味地付出，也要与人保持适度的距离。

交往中最重要的是尊重和欣赏

人们在交往的过程中难免会出现各种各样的分歧，冲突是生活的一部分，如果冲突得不到及时的解决，就会破坏人们之间原有的良好的关系。

孩子需要友情，然而他们常常在与朋友相处时产生矛盾，发生冲突，却不明白怎样去处理。

琳琳和丽丽是同班同学，也是非常要好的朋友。暑假的一天，琳琳在家觉得无聊，就去找丽丽玩。来到丽丽的家里，琳琳看到了另一个女孩子——丽丽的好朋友小珍。在此之前，琳琳并没有听丽丽提起过小珍。琳琳大老远地跑过来，本来想给丽丽一个惊喜的，看到此情景，顿时感觉有些失落。

于是琳琳就对小珍不怎么热情，虽然很有礼貌，但是却让人觉得疏远。没多久，琳琳就离开了丽丽家。第二天，丽丽打电话约琳琳一起去郊游，正好借此机会认识一下小珍。琳琳听见小珍也去，就谢绝了丽丽的好意邀请。后来，琳琳就不再主动和丽丽联系了。

暑假过后，琳琳对丽丽态度变得冷淡了很多。丽丽感到疑惑不解，为什么和琳琳这么深厚的感情就这样淡了下来？丽丽虽然有这样的想法，并没有对琳琳讲出来。琳琳总觉得自己被丽丽“背叛”了，于是与丽丽的交流就少了。

一般而言，孩子在与人交往时都是仿照自己周围的榜样来做。因此消极榜样在孩子的人际交往中带来了负面影响，孩子见到消极的榜样，尤其是在人际冲突发生时，会对他们的心理造成重大挫折。

人与人之间距离越近、关系越亲密，越容易产生人际冲突。对孩子来说也是如此。

有的孩子面对人际交往这个问题存在着很多困惑，首先，不能正确处理个人和社会的关系，极度不自信导致自己缺乏人际沟通的能力，在和别人的交往中，常常怀着戒备、怀疑、嫉妒之心。还有一些孩子争强好胜，常为一些小事与人争吵、打架。这些异常心理都不利于孩子的人际交往。在与人交往过程中，孩子产生的人际冲突的表现通常有与同伴之间的冲突、与父母之间的冲突以及与老师之间的冲突。

现在大多数的孩子都是独生子女，因此，无论做什么事情都是以自我为中心，都从自己的切身利益出发，很少考虑到他人的感受。但孩子若是这样，就很难在人际交往中赢得他人的欣赏和尊重，甚至会常与人发生冲突。

其实，自私甚至以自我为中心的观念人人都有，只是程度不同而已。孩子具有强烈的自我意识，如果缺乏父母的正确引导，就会把所有的注意力都集中在自己的利益和需求上，从而不能学会理解别人、尊重别人、关心别人。这样一来，当孩子长大后，独自走向社会时，往往就会由于很少考虑别人的感受、缺乏换位思考而引发诸多人际冲突，不能与别人一起共事或者合作等。

如何教导孩子合理处理矛盾呢？首先要让孩子学会宽容、学会站在别人的角度去看问题，不要总是以自我为中心。

小茜的妈妈给小茜买了最新出的书，小茜爱不释手。第二天上学时也拿到了学校，并向同学们炫耀她的新书。在上课期间，小茜把书放在了与同桌相邻的地方，而同桌很不凑巧地打翻了一个墨水瓶，墨水正好洒在了新书上。尽管同桌和小茜道了歉，并表示自己不是故意的，但小茜还是很生气，不仅要同桌再买一本新的给她，还将这件事告诉了班主任。

晚上回到家后，小茜把洒了墨水的新书拿了出来，并和妈妈讲了在学校发生的这件事情。妈妈告诉她："洒上墨水也没什么嘛，里面的内容也没有毁掉，还能看啊。你应该学会宽容别人、原谅朋友才对。"但妈妈看到小茜好像没有多大的反应，知道这样只有讲理论的教育没有多大效果，需要让小茜亲身体会一下才行。

晚上吃完晚饭后，妈妈在陪小茜看书的时候，给她倒了一杯水，告诉她要多喝水，否则容易上火。小茜没有太留意，看书时突然把脚伸向茶几，正好踢在了那杯水上，水顿时洒在了茶几上。妈妈看到这里，知道教育小茜的时机来了，立刻板起脸，呵斥道："你怎么搞的，看不到茶几上的水杯嘛！"

小茜看到妈妈这么生气的样子，很伤心，委屈地说道："我又不是故意的，我正在看书，没有注意到茶几上有水杯。"说着，伤心地哭了起来。

这时妈妈缓和了语气，温柔地对小茜说道："妈妈只是想告诉你，谁都会不小心犯错误，你不小心踢倒了水杯，白天你同桌也是不小心打翻了墨水瓶。妈妈因为这件事呵斥你，你感到伤心，你上午这样呵斥同桌，并告诉老师，让老师批评他，你想一想，他的心里就不伤心吗？"

小茜听到妈妈这样说，不好意思地低下了头。

父母要善于把握时机，利用孩子犯错的契机，教育孩子从小学会换位思考，使孩子明白人人都有可能犯错误的道理，培养孩子的宽容心。孩子能够宽容别人的过失，这样不仅能处理好与同伴之间的关系，还能使自己健康地成长，为将来的发展奠定基础。

培养孩子的团队合作精神

现今的家庭独生子女偏多，家长会千方百计地培养孩子各方面的能力。可是，很多父母却忽略了对孩子团队合作能力的培养，结果，孩子只学会了表现自己，只想让自己显得与众不同，却越来越不擅长与人合作。

星期六下午，妈妈应儿子的“邀请”，去学校助战他的足球比赛。比赛进行得很激烈，但遗憾的是，最终儿子所在的班队以0:2输给了对方。

回家的路上，儿子有些气愤地说：“他们都不给我传球！我们一次进攻都组织不起来！我好容易拿回球，可对方配合又那么好，都找不到机会射门。”

妈妈笑了笑：“不知道你有没有从自己的话里找到这次失败的原因呢？”

儿子一愣，妈妈继续说：“我知道，你们都想赢，可是你们班的同学显得太急躁了，而且都很突出个人表现；但对方班级的同学却很讲究团结，他们之间的传带配合很默契。团队合作得好，这才是他们取胜的最大法宝啊！”

儿子紧皱眉头，陷入了沉思，接下来的一路上，他都没再说话。等刚进了家，儿子就对妈妈说：“妈妈，能把您刚才说的话再给我说一遍吗？下星期一，我这个队长要给大家开一次会，好好讲讲团队合作。”

如果一个人缺少团队合作意识，那么仅凭单打独斗，是不可能有太大发展的。正所谓“人心齐，泰山移”，现今社会更多的工作是靠团队协作来完成的，如果孩子没有合作能力，不但很难发挥出自己的特长，也无法享受团队成功所带来的成就感。

所以，我们不要只想着让自己的孩子“出人头地”，应该尽早训练他学会与人合作，增强他的团队意识。这样，孩子才能更好地融入一个集体，并在其中发挥自己的光和热，而只有在集体中展现出自己的价值，他才能体会到合作的乐趣。

第一，在生活中培养孩子的团队意识

在家庭生活中也可以通过立规矩来培养孩子的团队合作意识，就像以下这个小故事。

家里大扫除，妈妈安排好了任务：爸爸清洁厨房与卫生间，妈妈整理大卧室与客厅，9岁的女儿打理自己的卧室。妈妈说：“以后这就是咱们家大扫除的规矩。让我们发挥团队合作精神，一起把家收拾干净吧！”

女儿很好奇：“搞卫生还有团队精神？”妈妈笑笑说：“当然。我们全家三口人，每人都掌管着一片卫生区域，无论谁做不好，都不能算是一次成功的大扫除。你说，这是不是团队合作啊？还有，各司其职就是我们要遵守的最好的规矩。”

女儿恍然大悟：“还真是，看来我也得好好收拾收拾我的屋子了。”

团队合作在生活中有很多体现，所以平时我们可以对孩子多加锻炼。除了事例中这种全家集体大扫除之外，还可以全家集体到超市购物，列一个清单，然后每人负责拿几样东西，直到买齐所有物品为止。或者和孩子一起玩多米诺骨牌之类的游戏，虽然是玩耍，但这也需要团队合作，否则

游戏也无法顺利进行下去。在某种意义上，这也是一种规矩。

这时我们只需要让孩子明白，团队合作就是要每个人都发挥作用，而且还要大家互相之间有所联系，还不能随意破坏这种规矩。这样，要做的事情才能最终成功，这个过程也能培养他的集体荣誉感。

第二，鼓励孩子多参加集体活动

集体活动往往最能培养孩子的团队意识，因此，当孩子的学校、班级，或者同学之间组织了什么有意义的活动，家长要予以支持，并允许他去参加，还要告诉他多注意与他人的协作，不要只想着靠自己一个人的力量完成某件事。可以这样提醒他："活动之前老师或者组织者可能会安排任务，你要专心做好自己该做的事情，如果分组做的话，你就要多和同组的同学交流一下，看看你们怎么做才能配合默契，才能在不起冲突的前提下顺利完成任务。"

第三，教孩子学会欣赏并尊重他人

在团队合作中有一点很重要，那就是成员彼此间是否能够达成默契。

而要达到默契，最基本的就是不能歧视团队中的其他人，也不能嫉妒或者反对其他人。

所以，我们要教孩子学会欣赏并尊重他人，可以给他讲讲“人各有所长”的道理，引导他发现他人的长处。同时，也要帮他分析一下自己的优劣势，让他明白什么叫“优势互补”，并告诉他，团队中的人只有做到互补，才可能圆满完成一件事，任何一个人如果不尊重其他的人，都有可能影响到他自身能力的发挥，也将影响整个团队的利益。

第四，提醒孩子多和团队中的人进行沟通

每个人都有自己的意见，互相之间也会出现意见不合的情况，所以团队中出现不和谐的声音也是在所难免的。关键就要看如何避免或去除这些不和谐“音符”，这也是保证团队合作顺利的重要因素之一。

所以，我们要鼓励孩子多沟通。而且，平时当我们的意见与孩子的意见不同时，我们就要说出自己的意见，并引导孩子说出他的想法，然后两相对比，看看怎样做才是正确的。

不过，我们要提醒孩子的是，如果他的意见是正确的，那么他千万不能骄傲，也不能因此就瞧不起人，而是要认真、耐心地将意见表达出来，并使他人信服；如果他的意见是错误的，他也没必要感到沮丧，只要改正错误的认知，并认真做好自己该做的就可以了。

第十章

学习需要劳逸结合

在家中给孩子营造良好的学习氛围

家庭环境是孩子成长和学习的第一学校。父母勤于施肥、松土、浇水，孩子就会像春花一样开放得灿烂；父母弃之不管，这片土壤上的土质就会变得恶劣，孩子就不能健康成长，难以成才。

若想让家成为一个适宜学习的环境，父母不但要给家庭创造民主的氛围，还应创造良好舒适的室内环境。父母自身也要保持良好的学习和生活习惯，给孩子做出好的示范。当孩子学习的时候，父母一定要营造一个良好的学习氛围，切忌说话大声，电视音量也要关小一些。

王先生和妻子有共同的兴趣爱好——看书。在装修新房时，他们特意选择了一个房间作为书房，并布置了书柜和书桌。搬入新居后，他们又购买了几千册有利于孩子成长的书，社科类、文学类、工具类、生活类图书都有。每年王先生总要订阅十几种报纸杂志，并经常借助网络查找新知识，借以扩大自己的知识面，更新知识。

当儿子尚且年幼之时，他们就已经开始对孩子进行早教，常常会给孩子讲童话故事，念儿歌，带孩子做游戏。平时他们总是积极引导孩子看书，让孩子充分利用书房里的藏书充实自己。

去过王先生家的朋友表示，王先生的居室环境非常典雅，在其中看书学习，可谓是一种莫大的享受。

一个和谐的家庭，最能培养出心态良好、性格积极、成绩优异的孩子。同时，作为父母，在营造良好家庭氛围时还要注意给孩子树立榜样，通过自己的行为表现来影响孩子。有时候，教育无须对孩子大喊大叫，而是通过以身作则来感染孩子，给孩子带来积极的影响。

当然，营造良好的家庭氛围不只是在共同学习上，更是在亲子之间的互动上。让孩子多与父母沟通，多在一起做一些亲子间的游戏。学会蹲下来，成为孩子的好朋友，与孩子一起在玩耍中成长，这才是家庭最应该有的氛围，家长最应该起到的作用。

相反，如果父母没有良好的学习习惯，生活陋习很多，平时不注意家庭卫生和居室布置，搞得家里乱糟糟的，加上家用电器发出的嘈杂声，就会使得家成为一个嘈杂的场所。父母让孩子在这样的环境中安心学习，就会很难。

余浩的父母是那种不拘小节的人，日常生活中很邋遢，家里乱糟糟的，衣物和鞋子随意堆放，平时喜欢打牌，每个周末都会和几个朋友或是邻居围坐在一起搓麻将。

尽管他们自己没有学习的兴趣，但是对余浩的要求颇为严格。每天他们都会叮嘱余浩完成作业再玩游戏，但是家庭环境总是让余浩受到不良影响，余浩经常在做作业时走神，有时候是被高分贝的音响吸引，有时候是被搓麻将的声响干扰。总之，余浩不能安心学习。

法国生物学家乔治·居维叶说过："天才，首先是注意力。"如果孩子不能集中注意力，会严重影响学习的品质和效果；相反，如果孩子能专心、投入地学习，学习效果会很好。而家庭环境如何与孩子能否集中注意力有着很大的关系，对孩子的成长有着重要的影响。

给孩子自由支配的时间

给孩子一点儿自由的时间，在这些时间里，孩子愿意做什么，可以让孩子自己决定。独处也好，静思也罢，交友聊天，与伙伴嬉戏，游玩赏景，自由漫步，甚至是静静地发呆，尝试失败和挑战……或许有些妈妈认为，这些时间好像被孩子浪费掉了，其实并非如此。孩子在这些自我支配的时间里，通过自己安排行程，来认识世界，这样做不仅能促进身心和谐发展，还能提高孩子的综合素质和能力。

大家都应该清楚，孩子的天性就是玩。每天给孩子一定的玩乐和游戏时间，让孩子做他想做的事情，对孩子的成长和学习是大有裨益的。

王丽的儿子 11 岁了，在一个月之前，他和班里的一个男孩子打得火热。那个孩子胆子非常大，放学后经常来王丽家和她的儿子一起做作业，一直做到很晚才会回家。

最初，王丽感到很奇怪，因为王丽并不允许她的儿子私自去别人家玩。可那个孩子告诉王丽，他的父母同意他这样做。王丽也亲耳听到那个男孩给父母打电话告诉他们来王丽家写作业了，他父母没有像王丽那样断然拒绝孩子，而是对他说“行”，并告诉他几点要准时回家。要知道他家离王丽家有 10 分钟的路程，并且要经过几个路口，人多车多，很不安全。

经过观察，王丽发现儿子和那个男孩在一起也没做什么特别淘气的事情，只是一边聊天，一边做作业，而且遇到难题还一起讨论。当他们把作业完成之后，便在一起玩游戏。

更让王丽惊奇的是，那个男孩子晚上吃完饭，还会来她家里找她的儿子玩，玩到9点多再回去。王丽只允许他们在院子里玩，而不允许他们去离家比较远的同学家玩。但是时间一长，这个孩子的父母的做法给了王丽很大的触动。王丽的儿子自从和那个孩子亲密起来以后，就经常向王丽争取自由支配时间的权利，在完成作业后要求独自去同学家玩。

有一天晚上，王丽同意儿子去广场找同学玩，并且约好8点半必须回来。结果儿子非常准时地回家了。王丽问儿子都做了什么，儿子高兴地说："玩呗！"

虽然儿子的"玩心"变大了，但是他的学习成绩丝毫没受影响。在那个学期的期中考试中，儿子的成绩还进步了10名，从班上的中游水平进入了班上的前列。而且王丽发现儿子的脸上笑容多了许多，她知道儿子在玩乐中体验了许多乐趣。

生活是充满乐趣的，只有让孩子自由自在地到生活中去体验，在游戏中去感受，才能真正领悟到童年的快乐。妈妈应该多给孩子一点时间，让孩子去发现生活中的乐趣，让孩子更健康、更自然地成长。

有一位哲人说："不要压抑了孩子的天性，世界上最有价值的财富就蕴含在孩子们的天性中。"孩子的天性需要通过自由释放才能充分挖掘出来，如果采取强硬措施限制孩子的自由，不给孩子玩耍嬉戏的时间，那么只会使孩子的天性受到压抑。

有一个孩子学习很好，头脑灵活，父母、老师对他有很大的期望。每次孩子做完作业要出去玩的时候，父母就强硬制止，要求孩子做完数学作业再做语文作业，做完语文作业写日记，写完日记去读报纸，总之一句话：

不能出去玩。

时间一长，孩子发现了一个道理：无论自己作业做得多快多好，父母也不会让自己去玩，反正不能出去，那干脆慢慢做。从此孩子再也不提出去玩的事情了，但做作业故意磨磨蹭蹭，一道题能做一个多小时。父母看到孩子整天“沉浸”在学习中，别提多高兴了。殊不知，孩子的天性和灵气早已被父母的强硬措施扼杀殆尽了。

教子之路漫长而任重，随着年龄的增长，孩子的学习内容慢慢变得困难和枯燥，久而久之，孩子难免会产生厌烦的情绪。这时，若能结合孩子的学习任务适当给孩子增加自由活动的时间，可以极大地缓解孩子学习中的压力。如果妈妈没有这种意识，处处给孩子限制，唯恐游戏和玩耍影响了孩子的学习，会给孩子的成长带来极为不利的影响。

自由支配的时间，给了孩子还原自我的天性，也为日后的幸福生活打下了良好的基础。教育专家孙云晓认为：“童年的快乐是一生快乐的源头，童年的不幸是一生不幸的开端。一个人如果失去了快乐的童年，将来是无法弥补的。”

给孩子充足的时间和自由的空间释放自己，是孩子身心发展的需要，是培养创造性人才的首要条件，也是奠定孩子快乐成长的基础。心理学家认为，在成长过程中，孩子开拓除父母以外的世界的意愿是非常强烈的，这可以培养孩子做事的积极性，发掘孩子的兴趣爱好，培养孩子独立思考和适应陌生环境的能力。

适当的“纵容”也无妨

一般人认为，孩子那些任性的行为，大多是由父母过度纵容造成的。然而，纵容并非全是坏事，有时候，适当“纵容”孩子，反而有利于孩子健康成长，对孩子有积极的意义。

在教育子女的过程中，妈妈为了便于管理孩子，难免会给孩子提出一些过分的规定和要求。有些妈妈经常给孩子设置很多的“不许”和“不能”，比如“不许进厨房”“男孩子不能哭”“不洗手不能吃饭”，等等，条条框框可谓数不胜数。

无规矩不成方圆，对孩子的适度约束是必要的。但是值得注意的是，约束也要把握好“度”。特事特办，特殊时期规矩也可以跟着放宽，适当地迁就甚至“纵容”孩子。

蕊熙从小就是一个活泼开朗的孩子，喜欢蹦蹦跳跳，像个男孩子一样，在家里玩耍时也总是一会儿碰到椅子，一会儿打翻瓶子。她的妈妈总是在后面跟着她，生怕她出点什么事情，或打翻什么东西，总是不断地喊着：“你慢着点儿行不行？”“你拿稳了好不好？”“你看着路走啊！”

就这样，妈妈每天不停地唠叨、不停地跟着蕊熙、不停地呵斥她。渐渐地，妈妈发现蕊熙确实走路慢了，也不再那么四处乱跑乱跳了，但她的性子却越来越慢、越来越磨蹭了。也不知道她是不是故意这样，以对抗妈妈的唠叨。

每天早上叫她起床，以前都是喊一声，蕊熙立刻就自己爬起来，每个屋子乱转悠，可是现在，七点叫她起床，七点半了进屋去看，她还是躺在被窝里一动不动。妈妈气得掀开她的被子，告诉她立刻起床穿衣服、吃早点，上学马上要迟到了。这时，蕊熙才不紧不慢地坐起来，慢悠悠地穿起了衣服。而妈妈又出了卧室，一边做着早点，一边催促道："你快一点儿行不行，马上要迟到了，怎么这么磨蹭？"可是，不管妈妈怎么催促，蕊熙却还是没有一点儿着急的样子，不紧不慢地穿衣、不紧不慢地吃着早点。

而晚上放学回家后，妈妈在蕊熙吃完晚饭后要她做作业，她也总是找各种借口：上厕所、喝水……动作还总是慢悠悠的。妈妈看得都快发疯了，一直催促她，她却总是气定神闲地说："催什么催，我在思考题目呢！"妈妈对蕊熙已经快无计可施了，不知道这个孩子为何总是不听话。

孩子犯错是正常的，孩子就是在犯错中逐渐长大的。面对孩子犯下的错误，如果一味责怪孩子，会让孩子变得畏首畏尾，丧失他原本具有的灵性。孩子面对沉重的学习压力和让人压抑的学习氛围，他们总期望通过其他办法缓解一下内心的焦虑和紧张。例如，在做作业的过程中，通过上厕所让大脑得到休息，调整一下情绪。

孩子的每一个行为都有他的目的和意图，妈妈不能主观地认为孩子这样做不对，那样做不对，然后严厉制止孩子，而应该给孩子适度的"纵容"，让孩子将这一行为进行到底，然后观察孩子的最终目的。这样才能更好地读懂孩子的心，也更容易取得孩子的信任。

有一个小男孩特别淘气，父母给他买的玩具几乎都被他拆过。有一次，小男孩拆了一辆父亲买给他的价值不菲的玩具车，父亲发现后不仅没有责备他，反而表扬了小男孩。得到父亲表扬后的小男孩显得非常开心，父亲借此机会给小男孩讲了一下机械原理，孩子也对此产生了浓厚的兴趣。接着小男孩在父亲的指导下，重新组装了被自己拆掉的玩具车，组装之后的玩具车和新买回来的没什么两样，性能还是一样好。小男孩也为此感到特别兴奋，父亲又说："我有一个这么棒的儿子，他都能组装汽车了。"

这个小孩男还是一如既往地痴迷于拆东西。但不同以往的是，现在他增加了一个兴趣爱好——把拆掉的东西再重新组装好。如果组装后的东西还像之前一样能使用，他就会跑到父亲面前"邀功"，父亲当然会继续表扬他。如果组装后不能继续使用，他就会反复拆装，直到能用为止。当然，也有他搞不定的时候，这时他只能求助于父亲，在父亲指导重装后如果还不能使用的话，父亲也不会借此来责罚小男孩。

大多数情况下，孩子的破坏行为是受好奇心驱使的，比如，玩具汽车是在什么原理下被驱动的呢？汽车的内部究竟是什么样子的呢？各种新奇的想法驱使着孩子们一探究竟。

喜欢动手尝试或无意的破坏行为并不是很大的缺点，关键在于父母如何看待孩子的这一行为。如果妈妈把关注点放在被损坏的物品上，就可能产生怨气。如果妈妈粗暴地制止孩子，使孩子无法得到相应的满足，孩子就会产生失落感，面对妈妈的粗暴语气和表情，孩子还会失去安全感。如果妈妈看到了孩子行为背后的求知欲望，适当鼓励孩子多动手尝试，那么就可以增加孩子发现新事物的机会。

什么事都干涉，是剪断孩子的翅膀

对孩子的爱，也应该保持恰当的距离。如果妈妈企图将孩子圈定在自己的视线之中，将孩子固定在自己能够干涉的范围之内，对孩子来说，无疑是一种心灵上的摧残。

与孩子保持距离，可以让孩子随着成长逐步减少对父母的依赖感，培养独立的生活意识。孩子会在尝试之后得到收获，动手能力得到提高。让孩子大胆地去玩耍、去尝试、去体验，才能让孩子健康快乐地成长。

从小生活在父母的呵护下的孩子，很容易以自己为中心，缺乏关心他人的意识，这不利于与人交往。在家里，父母可以包容孩子的过错和倔强，但是终有一天孩子要走出家门，与他人打交道。如果孩子缺乏必要的交往能力，那么他在未来的道路上将会遇到很多麻烦。所以，与孩子保持适当的距离，让孩子得到锻炼，是为孩子的成长和成才做长远打算，最终对孩子是有好处的。没有这种意识的父母成天为孩子遮风挡雨，百般呵护，表面上对孩子爱得那么炽热，殊不知是在断送孩子的将来。

齐齐已经6岁了，但吃饭还是不会使用筷子。每天吃饭，不是爷爷奶奶端着碗喂她，就是爸爸妈妈轮流喂她。而齐齐也很享受这样的待遇，想吃什么，只需要说出来，就能进到嘴里。

一天，爸爸一位做教育工作的朋友来家里做客，到吃饭的时候，看到妈妈这样喂齐齐，这个朋友很惊奇，问道："为什么不让孩子自己吃呢？"

妈妈不好意思地回道："孩子还小，怕她用筷子伤到自己。"

这位朋友说道："孩子的学习能力是很强的，你们需要引导他们多自己动手，这样才能在学习当中适用生活。否则什么事情都你们代劳，孩子什么时候才能够长大呢？"

整天把孩子抱在手里，让孩子黏着父母，孩子就会失去锻炼的机会，孩子的独立性就得不到培养。而且没有距离的爱往往会变成溺爱，在溺爱中成长的孩子，是难以适应今后的学习和生活的。所以，爱是需要距离的，有距离的爱才不会成为溺爱，这样的爱才是对孩子最好的爱。

如果父母不懂得与孩子保持距离，就容易不尊重孩子。许多人对同事和陌生人面带笑容，非常礼貌，而对家人却将客气的话和礼貌用语全部省掉，有时把尊重也省了。说着说着，就开始将对方视为情绪垃圾桶，无所顾忌地发泄一番。很多父母在单位遇到不顺心的事，回家看到孩子手中的成绩单，或接到老师的告状电话，就开始唠叨个不停，发泄个没完，训斥、暴打、羞辱，无所不用其极。这就是因为父母把孩子当作自家人，认为这样对待孩子是为孩子好，孩子不会介意，结果却伤害了孩子的自尊。

家长和孩子说话，有时候也得保持一定的距离感，否则说起话来就会没有轻重。有的父母认为孩子是自己的，所以说话变得随意起来，批评孩子的时候把那些不文明的用语用得淋漓尽致。这就是父母的失败，把失望的情绪发泄在孩子身上，不但伤害了孩子，也会伤害自己。

如果父母与孩子没有保持适当的距离，父母的行为可能会让孩子窒息，让孩子找不到透气的窗口。俗话说得好，"距离产生美"，所以，有时候还是要适当和孩子保持距离，这是尊重和信任孩子的表现。

让孩子学会正确地发泄

当孩子因为情绪不佳、气愤、不满而哭闹的时候，多数大人会感觉烦躁不已，于是说出“别哭，再哭就把你关到小屋里”或是“再哭我就打你了”之类的话。这种语言虽然制止了孩子的“坏脾气”，却没有解决根本问题。

其实，每个人遇到不开心的事都会闹情绪。成人心理承受能力强，也想找个机会发泄，更不用说心无城府的孩子。孩子发脾气，大多因为他们的需求没有得到满足。另外，他们年纪尚小，心智不够成熟，不可能像成人一样可以自我开导，也就不可能很快调整好自己的心态。如果长时间不能宣泄情绪，而是将其深埋起来，会对孩子的身体和心理造成不良影响。

小哲已经3岁了，但他一年里的大多数时间都跟妈妈待在一起，只有到了节假日，爸爸才能在他身边陪伴，因为爸爸在外地工作，不方便经常回来。平时，小哲的妈妈对小哲管教特别严厉，该他做的事情会让他去做，不该他做的坚决不会妥协。妈妈之所以对他要求如此严格，是因为她担心小哲长期和妈妈生活在一起，潜移默化受到影响，长大后会缺乏男子汉气概，她希望未来的小哲是独立而坚强的。

小哲刚会走路的时候没少摔跤，可是每次妈妈都不会去扶他，而是鼓励他自己站起来。如果小哲摔得重了，大哭起来，妈妈会立即说：“不要哭，你是男子汉，可不能随便掉眼泪。”但小孩子疼痛的时候，哪管那么多，他仍旧哭。接着，小哲的妈妈就会十分气愤地说：“不要哭了，再哭我真生气了。你是个男孩子，如果轻轻摔这么一下都受不了，以后怎么做大事？把眼泪收起来！”小哲见妈妈生气了，感到害怕，于是不敢放声大哭，只得轻轻抽泣，再过一会儿就安静了。妈妈认为自己男子汉培养法见效了。

可是，当孩子越来越大的时候，妈妈感到困惑了，她觉得自己分明已经把小哲训练成了男子汉，可小哲却在很多方面表现得很懦弱。例如他3岁的时候上了幼儿园，每天不停地哭，开始妈妈认为他刚到一个新环境，有个适应过程也正常。可是一个多月过去了，其他新入园的孩子都已经和老师、小朋友亲近了不少，大家玩得很愉快，可是小哲依然一进幼儿园大门就哭。老师安慰他不管用，小朋友跟他玩他也不理不睬，就连饭都吃不下去。老师问他为什么哭，他说想妈妈了。此时，小哲的妈妈仍然采取强硬的教育法，任凭其哭泣也不妥协，每天坚持送孩子到幼儿园。后来小哲因为哭得厉害得了哮喘，妈妈没办法，只好每天让他上午去一会儿幼儿园，吃过午饭就接回家，自己的工作也受到了影响。不仅如此，小哲的身体越来越差了，现在稍微受到风吹日晒就生病，妈妈为了照顾他，每天疲惫不堪。

小哲在妈妈男子汉训练法的培养下，不但没有变坚强，反而越发脆弱，这是因为情绪长期受压抑，没有机会宣泄。对于一个幼小的孩子来说，哭是宣泄情绪最好的方式。然而小哲的妈妈为了培养其男子汉气概，强行剥夺了孩子哭的权利。当小哲摔倒了，感到疼痛的时候，他会大声哭泣，因为疼痛是一种真实的感觉。可是每当妈妈以“男子汉不该觉着痛”的说法否定小哲的感觉，小哲担心妈妈生气，只得强行将情绪压抑下去，时间一长，他就怀疑当初的疼痛感是否真实了。

其实孩子的哭声虽然被压制了，但内心不好的感受依然存在，等到下次再碰到这样的事情时，他依然会哭，尽管在哭泣的时候会遭受妈妈的责备，但这在孩子眼中也是一种关注。为了更多地引起妈妈的注意，孩子就会依赖哭泣，这种行为一旦形成习惯就很难改变。

很多孩子为什么会有心理疾病或者是性格不招人喜欢，很大程度上就是因为他们平时遇到事情的时候，没有及时发泄情绪，因此会感到郁闷、委屈，对周围事情持怀疑态度。可见，孩子在成长路上会遇到很多事情，妈妈一定要认真观察并保持耐心，看到孩子发脾气尽可能地给他们机会，给他们时间，让他们在合理的条件下尽情宣泄，只有这样，孩子才能快乐健康地成长。

雨萱是个十分淘气的女孩子，经常像小男孩一样登高爬低，上蹿下跳，让妈妈费心劳神。一次，雨萱和同住一个小区的小伙伴一起玩传球，球好不容易传到她这边，她还没拿稳，就被旁边的小朋友童童一把抢了去。雨萱脾气倔强，哪能就此善罢甘休。她怒气冲冲地走到童童面前，伸手准备把球抢回去。结果球没抢到，反被童童用力推倒在地上。雨萱这一摔倒，再也忍不住了，坐在地上放声大哭，这哭声中有委屈也有疼痛。一旁的邻居都劝雨萱的妈妈说："快抱起孩子吧，别让她哭了。"妈妈走了过去，坐在雨萱旁边，轻轻把她抱入怀里说："好孩子，想哭就哭吧，妈妈在这陪着你。"这时雨萱哭得更肆无忌惮，边哭边说："童童坏蛋，我不喜欢他了，以后再也不跟他玩了。"大约过了10分钟，雨萱慢慢平静下来，她擦了擦眼泪，停止了哭泣。这时候妈妈问她："雨萱，童童刚才不是故意的，你现在还和他玩吗？"雨萱思考了一下，就好像哭过之后已经忘记之前发生了什么事一样，又和小伙伴们高高兴兴地玩了起来。

为了避免孩子被不良情绪困扰，妈妈最需要做的不是用过激的语言或行动阻止他们，而是给予其机会，让他们适当地宣泄情绪。等孩子将情绪全部释放之后，父母会发现孩子心情平静了不少，之前还不太理解的事情，一下就能够看明白了，而且还变得更为宽容，心胸更为坦荡。

不要阻挡孩子爱玩的天性

无论是谁都有过童年经历，童年是一个美好的回忆，那时的自己无忧无虑。童年很简单，每天不用想很多事，欢声笑语充满了整个生活。

孩子生性爱玩，但有些孩子因为贪玩忽略了学习，他们觉得学习没意思，所以不能主动投入到学习中去，即便是在家长的监督下，孩子还是表现得三心二意。如果孩子出现这样的状况，家长们就必须及时教育孩子、引导孩子改变自己对学习的态度。

在成长过程中，孩子接收的信息量比较大，就像现在的孩子喜欢玩网络游戏一样，如果家长认真分析孩子爱玩网游的内在原因，就会明白孩子对新鲜事物有一个了解的过程，当孩子了解后，就会形成一种强烈的学会的欲望，控制欲望就这样形成了，当孩子对这个东西有了一定的了解后，也说明孩子掌握了它的基本规则，从而孩子认知的愿望得到了满足，游戏恰好填补了孩子这一欲望，尤其是在电子游戏中，孩子玩的时候可以控制其中的一部分，然后通过这一部分去感受游戏中还没有找到的新鲜部分。

我们可以将爱玩的孩子理解为是天性使然，抑或是没有受到合理的家庭教育。如果家长还是认为现阶段是孩子学习的阶段，强迫他们一味死读书，不给他们一点儿玩的时间，这就是教育方法不当所致。假如家长们总是对孩子说这样的话："你这么笨，再多的努力也是白费。"这样的话不仅会伤害到孩子的自尊心，还打击了孩子那颗积极进取的心，孩子在这样的氛围中怎么可能变得好学、爱学呢？贪玩也就成了正常之事。加之孩子本身学习基础差，自信心不足，如此一来，更会影响他们自觉投入到学习中的积极性，孩子往往是为了学习而敷衍。还有一种原因就是因为学习方法的不当导致孩子倍感吃力，比别人付出几倍的努力，到头来学习成绩还是没有进步，这样也会造成学习积极性的下降。

成长期的孩子其实都有很强的求知欲，但当孩子面对课本和作业本时，往往不能提起精神，只会专注于自己感兴趣的事，例如画画、唱歌、跳舞、打球等。假如孩子对上述一些内容感兴趣，家长一定要放开手脚让孩子去学。事实证明，某些领域的优秀人才确实存在小时候不爱学习的现象。孩子提不起对学习的兴趣，是因为孩子还没尝到学习的甜头，所以对待学习总是持马马虎虎的态度。培养孩子的学习习惯是很重要的，要从细节入手，让孩子将学习的习惯日常化。家长不从细节入手，不经意间就使孩子养成拖延的习惯。还有些孩子，经常是一边做作业，一边想着干别的事情，不仅作业不能按时完成，作业质量也没有保障，这样的坏习惯不利于孩子专注力和责任心的培养。

还有的孩子在学习过程中被老师挖苦、讽刺后，难免在心理上产生一种和老师对抗的情绪，你越是让我好好学习，我偏偏不学，孩子的学习积极性也因此降低了。

良好的学习环境才能激发孩子学习的积极性，孩子回到家根本就没有学习的桌子，有些孩子是在家长打麻将和看电视的环境里学习，这样的环境怎么让孩子安心学习呢？孩子碰到学习困难的时候家长也不管，久而久之孩子便会对学习厌倦，就会应付完事后出去玩。还有家长在孩子学习的时候，强求孩子做不感兴趣的科目，认为这样可以确保作业质量。但有的时候却适得其反，由于孩子对作业不感兴趣，困难也比较大。孩子自己的意愿被家长剥夺会使孩子产生畏难和厌烦的情绪，反而会影响孩子有兴趣的科目作业。

现如今，五花八门的兴趣培训班如雨后春笋一般出现，一些父母对于替孩子选择哪个培训班而感到头疼。大多数父母为了让孩子在起跑线上就处于领先地位，将来能出类拔萃，在给孩子制定学习内容时常常盲目跟风，舞蹈、外语、书法、绘画、钢琴……投入了大量的财力不说，也牺牲掉孩子很多玩耍的时间，却没有让孩子真正学有所长，反而把孩子原本的兴趣“磨灭”了。

对于一个人来说，兴趣是非常重要的，孩子因为兴趣可以将一件事坚持到底，甚至是持久发挥。孩子对于自己感兴趣的事，势必会倾尽全力。而当孩子的兴趣被父母“磨灭”掉，做一些他不喜欢做的事情，孩子必然会带有不满和逆反，难以有所成就。

王华从小就对小动物非常感兴趣，经常沉迷于研究小动物的生活习性的乐趣中。小学时，他常常弄得满身是泥，因为他总趴在地上观察小动物。父母对此非常生气，觉得王华“不务正业”，于是对王华管得很严，尽量不让他出去玩。父母希望他上美术、书法等兴趣班。

最初，父母不在家的时候，王华就溜出去到附近的公园继续着他的“爱好”。有一次，父母看到他带回家一只蜘蛛，为此他们感到非常生气，呵斥王华带了一个不干净的东西回家。爸爸把那只蜘蛛踩死了，妈妈也摔烂了他积累多年的装有各种动物标本的“百宝箱”。 那一刻，王华彻底绝望了，他跑回自己的房间默默流着眼泪。

从那以后，王华的学习成绩一落千丈，他失去了往日活泼开朗的性格，父母为此常常发火，甚至怀疑他智力有问题。而王华的生物老师说："王华这孩子特别聪明，如果好好培养，他将来很可能在研究生物方面做出成绩。"

王华父母的做法值得我们反思，在现实生活中很多父母也会犯同样的错误。他们没有站在孩子的立场上去理解孩子，而是人为地限制，干涉孩子追求兴趣爱好，这样不仅会使孩子对自己的爱好产生怀疑，严重的会使孩子产生逆反心理，影响孩子兴趣的发展。

同时，很多父母还会强加给孩子一些要学的东西，这使孩子失去了发挥自己才能的机会，容易使孩子产生厌烦心理。例如，有些孩子本来对绘画不感兴趣，被父母逼迫着每天练习画画，结果绘画技术总是得不到提高，于是恨孩子不争气的父母就把孩子当成撒气筒，用"你怎么这么笨"等话语责骂刺激孩子。长此以往，孩子难免产生叛逆心理，严重的还会使孩子变得自卑并产生自闭倾向。

充分挖掘和发现孩子的兴趣很重要，但更重要的是尊重孩子的兴趣。遗憾的是，有的父母却做不到这一点。他们不懂得站在孩子的立场去考虑问题，把自己的意愿强加给孩子，这是典型的不尊重孩子兴趣的表现。这样只会人为地把孩子的兴趣"磨灭"掉，甚至落个可悲的下场。

为人父母者如果不容许孩子找到他真正的兴趣，他的学习动力和干劲儿就无法表现出来，他的想象力就难以发挥出来。受父母强制的孩子，往往会和父母感情冷淡，变得不快乐。在这种重压下成长起来的孩子，很容易产生心理问题。